河北省社会科学基金项目（HB19SH006）

U0659274

脱贫攻坚与乡村振兴有效衔接
——以宅基地整治与基层治理为例

赵艳霞　李莹莹　陈　蒙　邱　扬　著

哈尔滨工程大学出版社
Harbin Engineering University Press

内 容 简 介

盘活农村闲置宅基地、提高基层治理能力是巩固脱贫成果和实现乡村振兴的重要抓手,脱贫攻坚和乡村振兴衔接融合的过程,是促进城乡系统均衡有序、升级发展和城乡经济、社会、环境可持续发展的过程。随着党中央治国理政工作重点的转移,以宅基地政治与基层治理为例,本书提出脱贫攻坚有效衔接乡村振兴的新路径,包括乡村建设、乡村治理、乡村发展和乡村振兴。

本书可供基层政府工作人员、相关学者研究参考,也可供相关专业研究生和本科生学习参考。

图书在版编目(CIP)数据

脱贫攻坚与乡村振兴有效衔接:以宅基地整治与基层治理为例/赵艳霞等著. —哈尔滨:哈尔滨工程大学出版社,2022.1
ISBN 978 - 7 - 5661 - 3389 - 2

Ⅰ.①脱… ①赵… Ⅲ.①扶贫 - 研究 - 中国 ②农村 - 社会主义建设 - 研究 - 中国 Ⅳ.①F126②F320.3

中国版本图书馆 CIP 数据核字(2022)第 004526 号

脱贫攻坚与乡村振兴有效衔接——以宅基地整治与基层治理为例
TUOPIN GONGJIAN YU XIANGCUN ZHENXING YOUXIAO XIANJIE
YI ZHAIJIDI ZHENGZHI YU JICENG ZHILI WEILI

选题策划　刘凯元
责任编辑　张 彦　李 暖
封面设计　李海波

出版发行　哈尔滨工程大学出版社
社　　址　哈尔滨市南岗区南通大街 145 号
邮政编码　150001
发行电话　0451 - 82519328
传　　真　0451 - 82519699
经　　销　新华书店
印　　刷　北京中石油彩色印刷有限责任公司
开　　本　787 mm×960 mm　1/16
印　　张　8.75
字　　数　181 千字
版　　次　2022 年 1 月第 1 版
印　　次　2022 年 1 月第 1 次印刷
定　　价　40.00 元
http://www.hrbeupress.com
E-mail:heupress@ hrbeu.edu.cn

前　言

　　自党的十八大以来，脱贫攻坚一直是党中央治国理政的重点。2021年2月25日，在全国脱贫攻坚总结表彰大会上，习近平同志强调，"经过全党全国各族人民共同努力，在迎来中国共产党成立一百周年的重要时刻，我国脱贫攻坚战取得了全面胜利""区域性整体贫困得到解决，完成了消除绝对贫困的艰巨任务"。以习近平同志为核心的党中央在中央一号文件中强调全力推进乡村振兴建设，体现出"三农"工作重心已转移到乡村振兴。

　　当前，关键要把思想和行动统一到国务院部署要求上来，积极应对风险挑战，巩固拓展脱贫攻坚成果，扎实有序推进乡村建设，确保如期高质量完成目标任务，为经济社会稳定发展提供有力支撑。巩固拓展脱贫攻坚成果，确保不发生规模性返贫，实施好振兴行动，高质量推动乡村产业发展，扎实推进乡村建设，进一步厘清推进乡村振兴的理念和思路，加强机制办法研究，加快建立"协调一致、一抓到底"的工作体系。巩固脱贫攻坚成果的保障措施是实施乡村振兴战略，达到乡村振兴战略的基础是脱贫攻坚战略，实现脱贫攻坚与乡村振兴的有效衔接可以进一步发挥两种战略带来的效益，从而形成优势互补的局面。如何巩固、提升脱贫攻坚有效成果、有序实现乡村振兴成为当前亟待解决的问题。

　　已有对于脱贫攻坚与乡村振兴有效衔接的论述大多立足于宏观视角，对于具体路径的探讨不够深入，因此需要进一步探寻细致的切入点。脱贫攻坚与乡村振兴有效衔接应遵循何种思路，具体以哪方面为抓手？各方主体应发挥何种作用？本书以乡村发展的四个过程为主线，聚焦宅基地整治与基层治理的突破，阐述脱贫攻坚与乡村振兴有效衔接的路径，为实现脱贫攻坚与乡村振兴有效衔接提供新思路、新方向。

　　乡村振兴是乡村发展的必然结果，本书揭示了脱贫攻坚与乡村振兴有效衔接的内在逻辑，详细介绍了宅基地与基层治理的相关理论知识，指出了宅基地整治与基层治理在脱贫攻坚与乡村振兴衔接过程中的重要作用；通过探究乡村发展过程中存在的阻力及推动力，为各级主体充分发挥宅基地与基层治理的作用提供了有效路径。

　　本书共分为5章，主要以脱贫攻坚与乡村振兴有效衔接为目标，以乡村建设、乡村治理、乡村发展、乡村振兴四个阶段为主线，以宅基地整治与基层治理为抓手。

乡村建设通过对乡村建设时代特点、内容、瓶颈与发展趋势的阐述，梳理出乡村基础设施陈旧、生态环境薄弱、公共服务低效、经济发展缓慢、乡风文明建设滞后、人才储备不足等问题，为探究乡村治理、乡村发展动力奠定理论与现实基础；乡村治理以四川省战旗村为例说明基层治理在脱贫攻坚中的作用，引出基层政府、农村基层组织、乡村居民治理难题，并就完善和构建合理的治理体系、党建引领农村基层组织建设、基层政府简政放权合理施策、构建健康文明的乡村文化风尚、引导社会资本和人才进入乡村等措施进行探讨；乡村发展对天津、滦平等地进行实证研究，分别构建宅基地改革动力与基层政府治理阻力对乡村发展影响的结构模型，探究在乡村建设、治理与发展过程中的关键因素，提出脱贫攻坚与乡村振兴有效衔接的运行逻辑，即参与主体的一致性、发展内容的融合性、发展工具的协调性，并进一步提出脱贫攻坚与乡村振兴有效衔接的路径，包括参与主体、发展内容和发展工具各自的有效衔接；乡村振兴系统解读了乡村振兴深刻内涵，指出有效基层治理对乡村振兴在产业振兴、人才振兴、文化振兴、生态振兴、组织振兴方面具有重要意义，以宅基地整治为依托推进乡村振兴的途径，包括多角度利用闲置宅基地、引进与培养人才队伍、积极传播先进思想、有序规划宅基地布局、多元主体共同参与。

脱贫攻坚战取得全面胜利，乡村振兴将是一场新的持久战。宅基地整治与基层治理是关系农村发展的切实问题，以此为例研究脱贫攻坚与乡村振兴有效衔接的路径，以期激发农村地区的创造性，助推农村政治、经济发展，助力两个百年奋斗目标的实现。本书受到河北省社会科学基金项目《闲置宅基地差异化利用对实施乡村振兴战略的路径研究》(HB19SH006)的资助，可作为基层政府工作人员、相关学者研究参考，也可供相关专业研究生和本科生学习参考。

在编写过程中，笔者参考了大量文献，在书中做了详细列举，在此对这些作者表示衷心的感谢。同时，由于时间和知识储备有限，书中难免出现纰漏，欢迎广大读者批评指正。

著 者

2021 年 5 月

目　录

第1章 乡村建设

1.1 乡村建设的时代特点

2005年,中国共产党的十六届五中全会提出了建设社会主义新农村的重大历史任务,其中把"村容整洁"作为重要内容,明确要改善农村的整体面貌,加强农村道路、通信、电网、饮水、沼气、垃圾收集处理等方面的建设。

党的十八大以来,我国更加注重乡村建设,农村基础设施建设迈上了新台阶,农村人居环境得到了明显改善。

党的十九届五中全会通过的《中共中央关于制定国民经济和社会发展第十四个五年规划和二〇三五年远景目标的建议》(以下简称《建议》),从全党工作安排和基本实现现代化全局要求出发,提出优先发展农业农村,全面推进乡村振兴,加快农业农村现代化。其中,"实施乡村建设行动""把乡村建设摆在社会主义现代化建设的重要位置"得到了广泛关注和重视。

《建议》明确县域城镇建设、村庄规划建设、农村基础设施建设、农村环境建设和农村人才建设等方面是乡村建设的主要内容。针对实施乡村建设行动,国务院副总理胡春华在其署名文章中提出四项任务,即科学推进乡村规划建设、持续提升乡村宜居水平、推进县乡村公共服务一体化、全面加强乡村人才队伍建设。

1.2 乡村建设的主要内容

我国处于社会主义初级阶段这一基本国情,要求各方面发展均要以此为基础,合理规划和制定相关设施建设和发展的政策。在中国特色社会主义发展的新时代,在国家大力出台众多利好政策的时期,乡村作为一个特殊的发展区域,进入了一个蓬勃发展的新阶段。为了实现"两个一百年的奋斗目标",实现全体人民的共同富裕[1],对于乡村地区,就必须使其健康有序地可持续发展。当前,我国发展不平衡不充分的突出问题主要体现在乡村,国家持续将解决"三农"问题摆在一个历史的新高度,逐步加大农村改革力度,打破现有农村各项发展滞后的壁垒,逐步满足农村人民日益增长的物质和文化需求。

党的十九大提出乡村振兴战略,为了改变现有乡村贫困状况,巩固脱贫攻坚成果,保持现有农村经济持续稳定发展,构建一个"美丽、和谐、发展"的新式农村,就要有针对性地开展乡村建设,具体包括基础设施建设、生态环境建设、公共服务建设、经济体系建设、乡风文明建设、乡村人才建设。这些措施有利于加快新时代乡村振兴与发展,促使农村生活水平得到大幅提升、农民生活充满幸福感、农村社会稳定和谐、农村乡风淳朴健康、农村地区人才涌现,为进一步推进国家现代化建设积蓄力量。

1.2.1 基础设施建设

农村基础设施是指为农村地区生产和村民生活提供公共服务的物质工程设施,它是支撑农村地区居民生存发展的基础条件[2]。提起农村,给人的印象大多是泥泞的道路、破旧的房屋、随处可见的杂物。随着乡村振兴的推进以及社会生产生活水平的提升,陈旧的基础设施难以满足不断向前发展的农村生产和生活需求。

开展农村基础设施建设要明晰其根本出发点是一切为了农民,要最大限度地改善农民的生产和生活,以逐步缩小城乡生产、生活差距。2020 年中央一号文件提出要"对标全面建成小康社会加快补上农村基础设施和公共服务短板",加速开展乡村基础设施建设,稳控粮食种植、生产安全。2021 年中央一号文件再次强调"把乡村建设摆在社会主义现代化建设的重要位置",所以要充分调动农民的生产积极性,进一步完善乡村基础设施建设可以为乡村长远发展奠定坚实基础,从而加速构建新式农村,使农村现代化建设拥有可持续推进动力。

1.2.2 生态环境建设

良好的生态环境是最有利的公共产品,是最普惠的民生源泉,它决定着人民的生产、生活水平和质量。建设生态文明是中华民族永续发展的千年大计,"绿水青山就是金山银山",一切发展都要在保护生态环境的基础上进行,要让良好的生态环境变成生产生活与经济发展的着力点,成为经济社会发展的支撑点,成为中国登上世界舞台的一张特色名片。

党的十八大以来,习近平同志多次表明要将经济发展与环境保护有机融合,发展和振兴乡村不能以牺牲生态环境为代价,要坚决摒弃破坏生态环境的经济发展措施。良好的生态环境是乡村建设的宝贵财富,也是改善和提升农村经济发展水平的底气来源,乡村振兴就要制定切实可行的政策并毫不动摇地坚定执行,让良好的生态环境成为全面推进农业农村现代化,确保国家粮食生产安全、人民生产生活幸福的基石,成为一切发展的力量源泉。保护生态环境,就等同于守住大自然赋予的天然"金山""银山"。

1.2.3 公共服务建设

公共服务设施建设作为一个具有公益性、服务性、利民性的活动,其施行的根本目的就是改善民生。对表1-1、表1-2的数据进行归纳整理、对比后可以清晰地看出,在影剧院、体育馆、公园、职业学校、敬老院等公共服务机构建设中,乡、镇覆盖的范围和所占比重差距明显。乡村公共服务建设的宗旨是在满足日常生活需要的基础上,进一步丰富农民的业余文化和生活,逐步缩小城乡服务性设施建设的差距。

表1-1 全国基本社会服务机构个数　　　　　　　　单位:个

名称	邮电所	影剧院	图书室	体育馆	公园	小学	中学	职业学校	医疗卫生院	敬老院
乡	9 815	662	10 198	767	373	15 136	11 706	515	15 100	7 941
镇	18 383	5 159	17 256	3 759	3 678	19 280	18 757	3 242	19 252	15 190
合计	28 198	5 821	27 454	4 526	4 051	34 416	30 463	3 757	34 352	23 131

数据来源:《中国第二次全国农业普查资料汇编(农民卷)》。

表1-2 全国基本社会服务机构的乡镇所占比重　　　　　　　　单位:%

名称	邮电所	影剧院	图书室	体育馆	公园	小学	中学	职业学校	医疗卫生院	敬老院
乡	63.9	4.3	66.4	5	2.4	98.5	76.2	3.4	98.3	51.7
镇	94.8	26.6	89	19.4	19	99.4	96.7	16.7	99.3	78.3
比重合计	81.1	16.8	79	13	11.7	99	87.7	10.8	98.9	66.6

数据来源:《中国第二次全国农业普查资料汇编(农民卷)》。

乡村公共服务建设在一定程度上能够唤醒村民对乡村传统文化建设的意识,提高村民对文化传承的重视度,在此基础上形成农村居民普遍认同的价值标准,改变原有农村生活的单一性、枯燥性特点,使农村生活向多元化和具有包容性的方向发展。建设完善的公共服务体系,一方面可以反哺乡村经济,另一方面也可以吸纳优秀人才投身于乡村建设,这样不仅能够促进社会的繁荣和稳定,还能提升村民的公共参与意识,使其全身心投入农业生产建设中。

1.2.4 经济体系建设

农村经济的落后,导致了城乡经济存有巨大差距,使得振兴乡村不仅经济难度增大,而且资金、人力、物力等需求更大。如何使已经脱贫的农村经济持续发展?如何使发展中的乡村经济充分与城镇经济发展相融合?如何使城乡经济发展差距逐渐缩小?如何执行农村地区的优惠政策?解决这些问题需要国家制定合理的方针政策,划拨专项资金,调拨相应的人力、物力,在整体运行环节加以调控,确保政策实施精准、资金利用率高、人员配置合理。政府政策作为经济发展的指引,可以保障市场交易平稳、自由,保证人民和国家财产安全。

市场经济流动性是促进经济繁荣的加速剂,乡村经济的发展也同样依靠加快市场流动。市场要素的流动性是进行社会交流的基础,流动带来机会,也能带动经济增长。传统的市场流动性可以分为以下三种。

(1)信息流动性:随着互联网的飞速发展,人们足不出户就能探索世界,各种信息的快速传播更是带来了信息共通的便利。要使乡村经济蓬勃发展,就要充分利用互联网获取有价值信息,尤其是当农村地区面临农作物销售的关键时期,便利、快捷的网络可以帮助农民及时获取市场交易信息。

(2)人员流动性:人员流动包括人力、物力、知识、技术、资金等生产要素的流动,人员的流动带来机会与改变,要充分利用这种流动,学习其他地区优秀的经济发展手段。

(3)物资流动性:是指满足各种生产生活的物质资料的流动。市场的流动性不仅仅只有优势,同样也存在劣势。在新冠疫情蔓延的时期,生活、生产、人员等要素的快速流动,造成了全球疫情快速蔓延,也加剧了疫情防控的难度。所以在振兴乡村经济发展过程中要正确对待市场流动性,将其作为振兴乡村经济的有力工具。

1.2.5 乡风文明建设

乡风文明是乡村善治的主要体现,更是实现乡村全面振兴的有利保证[3]。乡风是一个地区的"精气神",它给予一个地区的人民向着美好生活不断奋斗的信心和动力。文明则体现一个地区人民的素质和涵养。乡村地区独特的人口特点和发展状况,使得乡村文化交流不畅,知识获取不足,造成了部分农村居民仍摘不掉"文盲"的帽子。随着中国的现代化建设深入和义务教育的普及,"文盲"现象得到初步改善,但要彻底摘掉"文盲"的帽子、实现文明农村这一根本目标,仍须各方持续努力。乡风建设传承中国优秀的传统文化,并与地区文化相融合,进而呈现一个崭新的新时代农村风貌。优秀的乡风还能够影响该地区人民的人生观和价值观,能够为乡村的长远发展发挥保障和调节作用。大到国家、民族,小到社区、乡村,只要向前发展都需要优秀的文化和风气来作支撑。完善的乡风建设更加有利于弘扬优秀传统文化,深刻理解中华优秀文化的内涵。正是这种文化自信,促使无数中华儿女百折不挠、奋勇向前,为实现中华民族伟大复兴和乡村建设发展而不断奋斗。

1.2.6　乡村人才建设

人才是乡村振兴的基础支撑,当前乡村发展最大的掣肘是人才短缺[4],影响和制约农村产业升级、经济发展、产业转型的最大困难也是人才问题,所以为了实现乡村振兴与脱贫攻坚的有效衔接,就必须将人才问题摆在更加重要的位置上,激发人才动力,充分发挥乡村现有人才的能力。乡村人才振兴还要根据不同人才的优势和特点,合理分配相应资源。

乡村振兴人才可以分为本土型人才和引入型人才[5],本土型人才是根据地区发展特点、地区人才情况,选择最具培养价值、能够最快发挥岗位优势的人才。最为典型的本土型人才是地区村支书,一方面,作为党员的村支书能够更深层次地理解党和国家为了振兴乡村颁布的文件内容,能够更加深入地领会方针政策的意图,能够在短时间内取得乡村振兴的理想效果;另一方面,村支书来源于本地区,能够深入了解本地区的现有状况,能够针对乡村问题采取更具针对性的措施,少走弯路,能够以最小的成本获取最佳的效果。引入型人才是对现有农村地区存在的棘手问题,从地区之外引入以解决相对应的农村专业问题专业人才。引入型人才的特点是专业性强,它相比本土型人才的优势是更能够以专业的视角看待乡村问题,并利用专业知识加以解决,能够有一个更开阔的视角思索乡村振兴问题。但无论是本土型人才还是引入型人才都要与当地的发展环境相适应,只有这样,才能有针对性地进行乡村建设,避免陷入形式化和照着书本建设乡村的困境。

1.3　乡村建设的瓶颈问题

1.3.1　乡村基础设施陈旧

1.3.1.1　农村生产型基础设施现状

农村生产型基础设施主要集中在种植用地和水利灌溉两个方面,一是当前的农业生产种植用地可用范围小、利用率低,少数生产用地承担着养育相当大比例的人口的重任,甚至出现工厂占用生产用地的现象,导致了生产用地的使用面积大幅减少。开展乡村振兴,进行乡村基础设施建设就需要改变占用农用的现象,最大限度保障粮食种植生产。二是农田水利灌溉依然采用传统的沟渠灌溉方式,在一定程度上造成了水资源的浪费,增加了农民人力和时间的投入成本,给农民的生产带来不便,因此就需要在此基础上,改进已有灌溉方式,精进生产型基础设施建设。

1.3.1.2 农村生活型基础设施现状

农村生活型基础设施主要集中于饮水、用电、交通等方面。传统农村尤其是偏远地区山村饮水主要依靠井下水和山泉水,由于当前环境污染、水资源减少,农民饮水问题日益严重,旧式的饮水方式已不再适合农村生活。数年前流行的农村沼气设施可以自产生活燃气,虽然在一定程度上降低了农民的生活成本,给农民生活带来了便利,但是随着时间的推移,沼气池的使用会给环境造成一定程度的污染,尤其是对水资源的污染,此方案不适合乡村的长远发展。农村道路仍旧以沙土地为主,石板路没有完全覆盖所有区域;在出现极端、恶劣天气以及农村生产灌溉高峰时期,农村电力供应不稳、断电、电压不足等情况就会频繁出现,急需制定和实施合理的措施改善当前的农村生活状况。

1.3.2 乡村生态环境薄弱

良好的生态环境建设有利于推动农村产业升级、加速农村生产要素与市场的融合,降低农村地区长期建设成本,逐步构建一个美丽和谐的农村生态家园,更加有利于弘扬社会主义核心价值体系,加速构建一个产业兴旺、生态宜居的新型农村。良好的生态环境更有利于促进社会健康持续发展、稳定农村经济、稳控粮食生产安全,能够在全面打赢脱贫攻坚战的过程中发挥重要作用,在巩固脱贫攻坚成果、实现乡村振兴的道路上必将做出更大的贡献。

生态环境建设责任在于政府和农民自身,根据现有情况看,各地生态环境仍旧没有得到有效改善,其原因主要体现为以下几点。

1.3.2.1 政府方针政策滞后,工作形式化

大多数的农村地区生态环境污染源于生活垃圾随意丢弃、农药过度喷洒、家禽粪便处置不当等,农村生态环境治理大部分是在发现污染之后再采取相应措施,此时已经错失最有效的控制时机,导致政府推行的治理政策经常会出现治标不治本的现象。一些地区为了改善农村环境问题,采取种植花草树木、清理被占用的公共用地、建设乡村公园等措施,但这些措施实施之后没有后期持续有效地管理,致使

杂草丛生,树木自行生长甚至阻碍居民正常通行;乡村公园被闲置,没有发挥应有的功能。更有个别地区为了应对上级检查、评比而采取环境治理措施,耗费了大量的人力、物力、财力,而农村环境却没有得到根本改善。

1.3.2.2　农民环境保护意识淡薄

农民作为粮食生产的关键力量,在保障粮食充足方面占有重要地位。然而在一些地区,农民为了追求高质量生产,盲目使用会造成严重污染的农药、化肥;畜牧业的养殖户为了追求经济利益,随意排放动物粪便,造成水资源污染。农村的生态环境是天然的财富,在近年的农村发展过程中,出现过度利用生态资源的情况,甚至不惜以牺牲环境为代价,大面积填湖造田,一味追求经济增长而忽略对生态环境的保护。由于农民自身环境保护意识不足,短期内无法采取有效措施来减少污染,造成了污染大面积扩散,给治理带来困难。

1.3.3　乡村公共服务低效

1.3.3.1　设施建设与农村居民需求不适配

农村地区居民的普遍特点是文化水平不高,素质偏低,人们对于公共服务设施建设的需求往往是从个人利益角度出发,重视那些能够给自身带来快速、短期可见的经济收益的举措,而轻视那些能够产生长远、可持续效益的举措。贫困落后的乡村地区,人们大多为创造更多的经济收入不停地劳碌,农民兴趣缺失、业余生活单调,如果按照政策要求盲目建设图书馆、影院等文化休闲场所,容易造成资源的浪费,农民无法从中获得舒适感和幸福感,此时的公共设施就成了闲置建筑。如果盲目建造一些时下热门的配套设施,农民却无法在短期内与飞速发展的社会产生有效互动,会给农民造成二次压力,并且使其陷入与社会脱节的恐慌,这些都不利于新式农村建设,更加不利于农民自身的长久发展。

1.3.3.2　地区经济发展落后制约公共设施建设

2020 年是脱贫攻坚的决胜年,要实现现行标准下农村贫困人口全部脱贫。2021 年,党和国家已经用行动实现了这一承诺,但这并不能代表农村经济发展落后这一长期历史遗留问题得到了根本改善,短期内农村地区生产力水平低、人民生活水平不高的现状不会发生显著改变,农村经济发展仍与城镇存在较大差距,农民劳动奋斗的目标仍然是获取持续的经济收入,解决基本生活问题。正是这些现实情况,使得农民难以拥有休闲时间,无暇思索如何提升自身的文化修养,导致农村的公共服务设施建设得不到有效发展。

1.3.3.3　农村地区的生活理念制约公共设施建设

农村地区的生活方式主要是生产劳作,劳动结束后能够让其得到放松的是充分的休息,而不是更适合城市居民的文化娱乐项目。农民认同"知足常乐"的理念,自我满足感低,不愿意接受巨大改变,倾向于生活维持原样。公共设施建设所体现的公益性、服务性与传统农民重视自身利益的特点相矛盾,农民对于本地区的发展漠不关心。这种延续了几百年的生活方式阻碍着公共服务设施建设的步伐。

1.3.4　乡村经济发展缓慢

参考国家统计局对外披露的数据,由图 1-1 可知,2010—2020 年的 11 年间,我国居民可支配收入持续上涨,这得益于国家经济的蓬勃发展和国家经济发展能力的持续增强。但 11 年间,农村居民可支配收入上涨幅度远低于城镇居民,城乡收入差距明显,仍需要在发展乡村经济、增加农村居民收入方面加大力度。

图 1-2 中显示 11 年间农村第一产业种植人数明显降低,农村就业人数下降。造成这些现象的一个主要原因为农村经济发展缓慢,收入来源不足,传统单一的种植产业已经远远不能满足当今农村经济发展的需要。

党的十九大提出的乡村振兴战略,着重强调"三农"问题在我国农村经济发展的重要位置,解决"三农"问题就要进行乡村经济建设。乡村经济的发展是实施乡村振兴战略的出发点和落脚点。进入 21 世纪,中国的工业建设已经处于世界领先水平,而农业农村的发展仍然处于落后状况,此时的中国需要借助工业的优势力量带动农村经济的发展,缩小城市与农村的贫富差距。随着经济的飞速发展,传统的单一农业经济发展手段已经不再适合当今建设新式农村的发展要求。农村地区要想获得经济持续增长,经济收入来源就不能单单只靠农作物种植,还需要开发或者引进第二、三产业,例如生态园、采摘园、旅游业、工业生产等。但要注意在农村经济发展过程中,无论引进什么产业、采取什么方式都要考虑与当地现有资源环境的适配性和乡村未来发展规划问题。农村地区经济的发展具有其特殊性,环境、地域、人文等都有自己的发展规律,要在符合一切发展规律的基础上进行发展经济,开展乡村振兴建设,才能取得经济增长的效果。

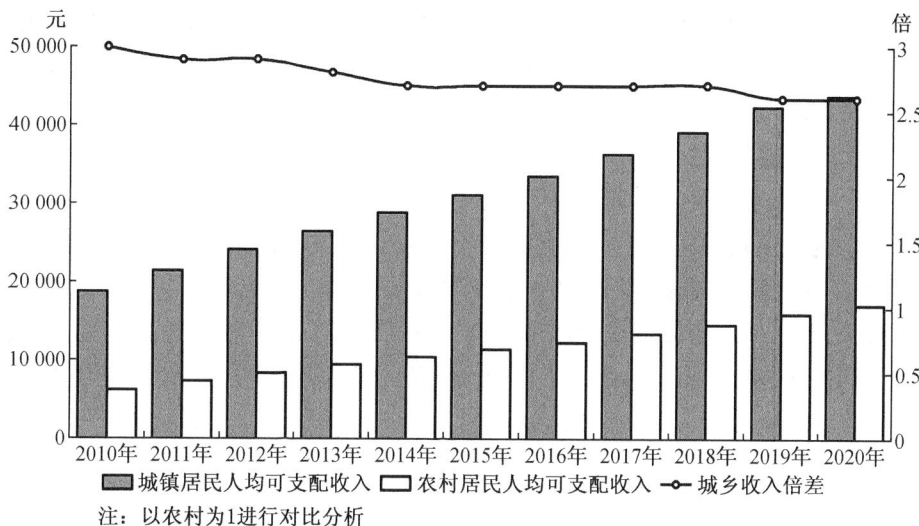

图1-1 城镇、农村居民收入变化图

资料来源:国家统计局

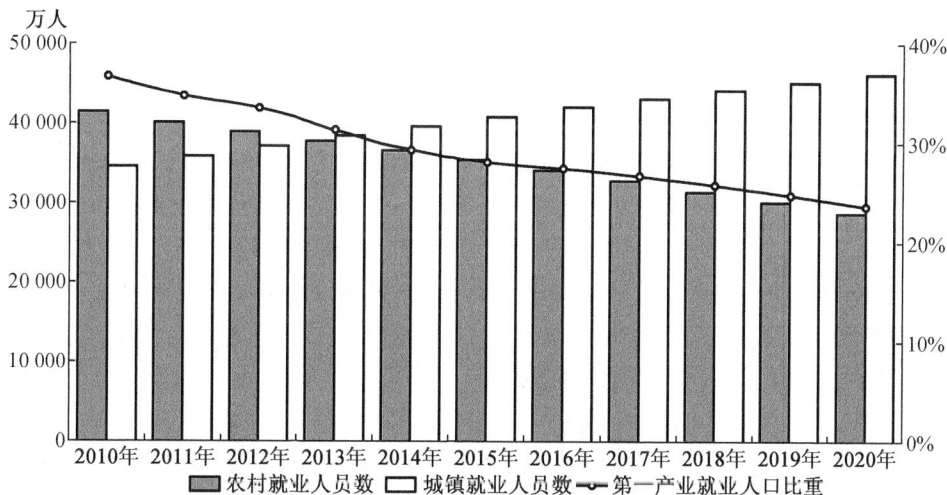

图1-2 全国乡镇就业年度变化情况图

资料来源:国家统计局

1.3.4.1 产业单一

传统的乡村经济来源主要依靠种植农作物,种植农作物附加值低、经营风险大,偶遇突发气候,经济收入便会受到明显影响。中国可种植的土地占比很低,农作物种植的物理条件严格,造成农作物种植也产生了明显差异性,因此种植种类较少。随着城乡差距逐渐拉大,偏远山村的青壮年劳动力开始进城务工,使得农村人口老龄化加剧、留守儿童增多,农村经济建设与发展无法获取人才力量,进一步造成了农村经济发展滞后。

1.3.4.2 经济发展政策与地区融合性较差

政府制定的政策应该切实做到符合当地的实际需求,一些地区农作物种植比较发达,应该着重发展该地区种植产业,不能盲目引进工业生产。一些地区人口流动性较大,普遍体现为就业渠道狭窄,此时的政策就可以偏向引进一些第三产业,如加工制造业,从而进一步稳定人口结构、促进地区就业率、缩小农村滞留人口比例。

1.3.4.3 地区情况认识不足

推行乡村振兴战略,进行乡村经济建设,首先要对地区做充分了解,包括人员结构、地理位置、经济发展情况、经济发展局限与优势、市场流动情况等。对地区实际状况的不了解,盲目执行政府政策,就会造成大量人力、物力、财力的消耗,经济还没有获得显著增长,使得缩小城乡差距收效甚微。

1.3.5 乡风文明建设滞后

1.3.5.1 缺少优秀乡风引导者,乡风畸形发展

千百年来,根深蒂固的小农经济思想使得传统农村仍旧"传承"旧式习俗,例如:生病首先想到的不是就医,而是通过"算命"的方式测算寿命长短,进而判断病情是否严重;农村女性生儿育女,有"儿"万事足,传宗接代要靠儿子,评价女性生育价值依靠能否生育儿子等一系列糟粕思想,潜移默化地影响了农村人的思想观念,制约和影响地区的发展。此时的农村,需要能够对这种思想进行科学指引的专业人才来改变乡风畸形发展的不良状况。

1.3.5.2 地区管理不当,导致不良乡风蔓延

地区经济是否发达,其中一方面因素是该地区是否存在能够产生正向并持续反馈的优秀乡风。例如:一个地区赌博盛行,农民认为依靠赌博能够"发家致富",农民好吃懒做、欠债赌钱现象频发,邻里关系不融洽却得不到有效调节。这些行为如果没有得到有效地治理,不良风气继续蔓延,将使得该地区缺失凝聚力,造成人心不合的情况发生。

1.3.5.3　地区教育落后,导致不良乡风盛行

思想观念的转变依靠知识文化教育,教育质量关乎地区的长远发展,影响人才的培养。当地区教育水平不高,农民文化水平低,科学知识得不到有效获取时,就容易产生不良的社会现象,有的农民甚至会越过道德与法律的底线,给家庭、社会造成沉重负担。义务教育阶段是儿童身心发展的关键时期,地区义务教育质量不高也会影响适龄儿童获取充足的知识,以及影响其形成正确的人生观和价值观。

1.3.6　乡村人才储备不足

当前农村人才发展滞后的根本原因是农村人口空心化严重,人才储备不足,主要的影响因素有以下几个方面。

1.3.6.1　城乡经济发展差距明显

传统的农村主要以种植农作物为主要经济来源,收入单一且起伏较大。随着时代的进步以及国家经济的飞速发展,城镇建设脚步加快,各种公共服务设施逐步完善,就业机会增多,收入来源增多。乡村地区人口逐步向城镇流动,给予了城镇建设充足的人才和机会,促使城镇发展建设更加快速。

1.3.6.2　乡村人才流失严重

根据 2021 年第七次全国人口普查公布的数据显示,我国居住在城镇的人口为90 199 万人,占比 63.89%,乡村常住人口 50 979 万人,占比 36.11%,与 2010 年相比,城镇人口增长 14.21%,农村人口占比下降[6]。由此数据反映出农村居住人口的减少导致乡村建设的专业性人才流失,造成农村人才储备不足,使得农村地区发展缓慢现象更加严重,各种建设停滞不前甚至退后,城乡发展差距进一步拉大。人才流失不仅会加剧乡村贫困,而且会滋生出许多社会问题,不利于社会健康良性发展,还加剧了人口老龄化和留守儿童现象,这些留守群体的生产劳动力不足,长此以往就会导致农村地区发展能力不足,更无法与城镇的发展速度相匹敌,城乡一体化建设也无从谈起。

1.3.6.3　乡村人才激励机制不健全

评价乡村地区的特点,大多为地区人口素质不高、设施不健全、地区发展落后、收入偏低等。高校毕业生在接受优质教育后,不愿意继续回到乡村赚取微薄的薪水,而是更倾向于步入快节奏的城市打拼,即便是面临巨大压力,也不愿意回到乡村享受安逸的生活。乡村基层干部在任期内更加倾向于仅做好本职工作,期限一到,就会调岗流动,难以在岗位上做出成就。与城镇相比,乡村的各岗位薪资待遇普遍偏低,许多用人单位在招聘员工时,仅仅给予一个工作机会,并没有给予与岗

位相对应的薪资待遇,且工作强度大、收入低,导致乡村企业员工流动性偏大,无法获得长足稳定发展。种种情况表明,乡村要想获得稳定长远发展,在人才方面,就要落实奖励激励政策,只有这样才能保持现有人才稳定,之后才能吸引外来人才,从而有能力确保人才发挥力量,能够进行乡村建设。

1.4 乡村建设的发展趋势

1.4.1 完善基础设施,加快生产发展

1.4.1.1 优化农村生产型基础设施建设对策

一是生产型基础设施的建设直接关乎粮食生产,在进行基础设施建设的过程中可以引入公共产品,例如灌溉农具设施,发挥公共产品的非排他性和非竞争性优势,在不增加农民负担的前提下,最大限度地改善农村生产工具的使用,同时政府还要制定相应政策,以规章制度的方式明确农村地区公用生产器械的维护、维修、租赁等费用问题,确保后期能够按照规定顺利执行。在此基础上还可以充分调动农民的积极性和主动性,鼓励农民自行组织、合理维护。二是针对现有面积的农村公共生产用地,组织农村居民定期进行杂草清理、管道排污,提高生产用地利用率。

1.4.1.2 完善农村生活型基础设施建设对策

实行脱贫攻坚和乡村振兴战略以来,农村的基础设施建设已取得显著成效。党和政府充分发挥着领头人作用,出台了众多利好政策,不断加强农村基础设施建设力度,广泛开辟农民增产增收渠道,农村生活质量得以明显提升。例如河北省某县级市农村,引入公共饮水设施,减少了农民饮用井下水的频率,提高了农民的用水质量,保障了农民用水安全;农村大范围统一引入燃气供应设施,减少了农民生活污染,为农民日常生活提供了便利;"村村通政策"的落地,扩大了农村柏油路的覆盖面积,改变了农村出行困难的状况。以上改革措施都是党和政府为完善农村基础设施建设所做出的辛勤努力,确有实效地提高了农村居民生活的幸福感,真正贴合了"惠民、利民"的改革方向。

1.4.2 实施环境保护,改善环境质量

1.4.2.1 加强政策执行力度,避免形式主义

环境保护不应该只是冷冰冰的文字和口号,而应该真正落实到方案执行中。要防止"上有政策,下有对策"现象的发生,政府在发布相关方案前,应该合理规避

可能预见的问题,充分考虑政策的可执行性,执行过程也应随时跟踪进程,及时解决在方案执行过程中的突发问题,修正偏差,确保按照计划进行,也要合理分配执行过程中人力、财力、物力的投入,避免过度浪费。

1.4.2.2 加大宣传教育力度,工作落实落地

改善环境质量的最重要环节是唤醒现有农村居民环境保护意识,让其充分理解生态环境对于人民生产、生活和安全的重要性。可以采用定期培训的方式对农村居民进行宣讲,由村干部担任组织人并发挥其领导人角色,一方面可以组织讲座,进行必要的农村培训,使居民掌握科学处理农村生活生产垃圾的办法,逐步降低垃圾排放量。还要定期对农户进行走访,尤其是对可能产生大量污染物的养殖户,了解其实际生活中垃圾废物的处理办法,对于不足或者不恰当的方式及时加以修正指导,从思想到行动,真正落实环境保护工作,确保工作扎实落地。另一方面要使村民深刻理解环境保护中权利与义务的关系,明晰在接受生态环境所带给我们的经济价值的同时,也要承担保护环境的义务。

1.4.3 提高服务效力,助推乡村振兴

1.4.3.1 充分调查研究农村居民的需要,做到有的放矢

马斯洛的需要层次理论提出的两个基本出发点可以概括为,未满足需要和已满足需要对人的行为所带来的激励作用。为了使农村地区的公共服务建设取得理想效果,就要以此理论为基础开展调研。因此,我们在进行公共服务设施建设的初始准备阶段,采用问卷调查的形式对农村地区进行充分调研。对所在地区的全部村民以问卷的形式进行多种公共服务设施建设方案信息收集,之后分析问卷反馈的情况,充分了解农民的真正需求,并将需求融入公共服务建设计划中,做到公共服务设施建设是为了改善农民的生活需求,真正使公务服务设施的建设发挥其应有的价值。

1.4.3.2 通过宣传教育培养视觉转换能力,转变农村固有观念

视角是对事物是怎样或者应该是怎样的一种观点或假设,每个人都有自己的视角。农村地区长久以来形成的地域文化,使得农村居民在思考事物发展变化时,往往是主观思维占据主导,过多关注个人利益的得失,对于"免费""公益"大多采取谨慎观察的态度,这就使得当公共利益与个人利益产生矛盾时,农村居民更加倾向于个人利益,更关注个人利益的得失。这时就需要政府充分发挥思想引导的作用,采用讲座、培训等方式进行宣传教育,传递公共服务设施建设的意义和价值理念,鼓励农村居民转变自己的视角,以更加公正的态度对待公共设施建设,逐步接

受这一建设理念,逐步转变农村居民的固有观念。

1.4.4 提升经济活力,稳固乡村发展

1.4.4.1 在发展第一产业的基础上,引入第二、三产业

如图 1-3 所示,第一产业所占比重为 2.6%,第二、三产业所占比重分别为 28.7% 和 68.7%,三类产业占比差距明显。随着时代的进步和社会宏观经济的发展,我国经济投资所占比重最大的产业已经不再是传统的第一产业,而是第二、三产业。

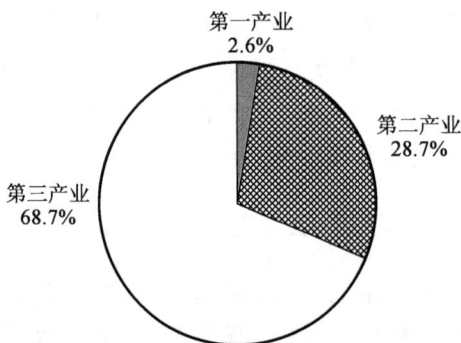

图 1-3 **2020 年三大产业投资占固定资产投资(不含农户)比重**

资料来源:国家统计局《中华人民共和国 2020 年国民经济和社会发展统计公报》

这也同样表明,国家经济的发展已经不再仅是依靠传统的种植、畜牧生产等方式创造经济价值,而是更多地以第一产业为基础,通过第二、三产业的联合发展方式来提高经济收入。乡村经济建设也应该顺应国家发展趋势,在巩固第一产业的基础上,进一步开发或引入其他能够带来经济收入的方式。例如部分乡村地区拥有山川、湖泊,那么它们就可以依靠地理优势进行开发建设,着重发展旅游业。旅游业盛行,吸引游客的同时就会带来经济增长,周围的农户就可以顺势利用自有的闲置宅基地,开发民宿、特色饭馆等,这既增加了农户收入,又能够响应国家政策,盘活农村空闲宅基地。乡村民宿的兴起是以国家政策为前提,大力发展农村经济的典型案例。旅游业带动收入、增加客流量的同时,也带来了新的发展机会,此时的农村发展就不再是为了短期脱贫而进行的经济发展,而是能够产生长久价值的、可持续的经济发展。

1.4.4.2 利用互联网优势,发挥电商作用

当今社会正处于互联网高速发展的时期,这无疑是给人们带来了新的发展机会和方式,各种直播平台的兴起,主播带货、直播助农成为如今最火热、最便利快捷的产品销售方式[7]。农村地区产品的销售可以充分利用此方式,尤其是偏远山区,交通不便导致农产品销售困难,但是可以利用视频直播的方式将农副产品推销给线上用户,短时间内获取产品收益,降低农产品大面积囤积的可能性。另外通过这种方式,也可以使消费者充分了解农副产品,这种"看得见"的方式也大大降低了客户投诉率。同时这种方式也可以将农村地区的地貌、文化、真实的农民生活等进行充分展示,达到宣传农村特色产业文化的效果。例如面对2020年突发的新冠疫情,全国经济发展受到严重创伤,尤其是农村地区,无数农产品滞销。随着疫情逐渐得到控制,利用名人效应,如网红主播、央视主持人直播带货,带动了乡村经济的发展,使农村地区快速渡过了疫情难关,稳定了农村经济发展。

1.4.5 培育优秀乡风,助力乡风文明

1.4.5.1 培养和引入乡风传播者,壮大乡风传播渠道

乡风文明是乡村振兴的灵魂,乡风文明建设需要人才。优秀的乡风需要具有正确价值观念的传播者,必须多途径、多渠道壮大乡风文明,建设的人才队伍,培养和引入乡风传播者,确保乡风文明建设顺利开展。一方面,培育扩大现有乡村传播者队伍,继续培养对国家惠农政策有较好理解的本土人才,提高他们的宣传教育的能力,以便将政策的优势、意义等进一步传递给地区农民,提高农村居民的生产积极性、稳定性。另一方面,与高校合作,采用讲座、演讲的方式,让高校内的专业学者将乡风文明建设的知识、内涵、意义、政策等传授给当地居民,同时也可使在校学生有机会深入农村,真正了解农村生活,在与居民一对一的交流过程中,促进双方的共同进步,进一步传播优秀乡风。

1.4.5.2 加强对乡风文明建设的投入力度

现阶段乡风文明建设进度缓慢,原因之一是政府对乡风文明建设的投入力度不足。乡风文明建设需要大量的人力、物力、财力的支持,要想建设和培育优秀乡风,就需要政府将其摆在一个重要的位置,加大投入力度,逐步有序开展。从人力角度看,政府应该提供充足的人力支持,无论是宣传教育还是实地指导,都需要人才作支撑。从物力角度看,政府可以在改善农村现有建设设施的基础上,引进新型公共文化设施,号召农村基层组织提高对公共文化设施的利用率。从财力的角度看,无论什么建设都需要资金作支撑,政府可以划拨用于乡风文明建设的专项资

金,设置审查机制,确保资金利用精准、有序快速地推动乡风文明建设的开展。

1.4.5.3　提升教育质量,重视教育发展优秀乡风

乡风建设需要人才,巩固和发展乡村地区人才建设,就要从根本上改善农村教育问题,从源头上发扬优秀的乡风文明。首先是提升义务教育阶段的质量,在义务教育阶段设置传播优秀文明的课程,以游戏、娱乐等方式,将优秀的传统文化、正确的价值观念传授给学生,逐步提升学生的素养。其次是定期开展农村教育培训,农村的教育不只是传授农民种植生产知识,使农村生产水平得到提高,更为重要的是在提高农村经济实力的基础上,使农村居民整体素质得到提升,使其语言、行为等符合新式农村的建设要求,进一步弘扬农村地区的优秀文化,传播乡风文明。

1.4.6　扩充人才队伍,赋能乡村振兴

1.4.6.1　制定人才稳固政策,健全奖励激励机制

无论是本土型人才还是引入型人才,能否在岗位上做出成绩,能否做到深扎乡村地区、致力于乡村治理,都需要政府实施合理的乡村人才振兴稳固政策,从制度、规则的角度,将这种方式合法化,赋予乡村振兴人才合理的权利,使其充分发挥自己的才智。此外,还要落实人才的奖励激励机制,以制度的方式将横向薪酬增长和纵向职位晋升合理化,充分给予人才选择权,最大限度维持人才平衡。

1.4.6.2　充分调动农村现有人才积极性,鼓励人才创业

农村地区的发展,除了培养村干部和引入外部人才外,最重要的是巩固现有本土人才,避免人才流失。可以通过技能培训的方式,对本土人才进行技能培训,使其掌握专业种植技术并应用到规模生产种植中。对于能够发展第二、三产业的地区,可以鼓励相应人才自主创业,政府可以在减少税收、给予创业资金、提供创业培训等方面提供帮助,地区工厂、产业的发展就能在一定程度上缓解当地就业压力,带动人才流动,从而促进地区经济的增长。

1.4.6.3　积极培养大学生村干部

当代大学生作为人才的代表,从学识、思想到理念、创新,他们在求知、前行的路上不断探索,拥有高尚人格、崇高思想的他们,是当代国家振兴、进行国家建设的关键性人才。乡村人才建设的最终目的是使脱贫后的乡村得到丰富的人才作为支撑,为乡村的可持续发展提供动力。2021 年纪录片《大学》走进人们的视野,其中一个片段讲述了清华大学水利系博士宋云天挥别象牙塔,经历一番艰难抉择后,放弃繁华都市生活,深扎河南乡村,为乡村建设贡献自己的力量,坚定了自己"造福一方百姓"理想的故事。当代国家、地区的发展,还有无数像宋云天这样的大学生,他

们放弃优渥的生活,致力于基层建设,他们是乡村人才建设最具说服力的证明。发展离不开人才,作为能够与乡村更深层次接触的村干部,如果能够充分发挥其岗位优势,并给予其充足的资源支持,那么就会使落后的乡村彻底摘掉贫困的帽子而不返贫,实现乡村长久健康良性发展。

1.5 本章小结

乡村建设是一项系统工程,贯穿于乡村发展的各个阶段。我国在乡村建设中实现了脱贫攻坚的全面胜利,也要在乡村建设中逐渐过渡到乡村振兴的战略目标中。要实现脱贫攻坚与乡村振兴有效衔接的前提是要明晰当前我国农村发展的主要方面、农村发展与农村居民生活需求不平衡的问题。而这些问题需要在且只能在乡村建设和治理过程中得以解决。

持续推进乡村建设,必须继续加强乡村治理力度。首先,完善基础设施建设、健全农村公共服务体系、夯实乡村人才教育需要不断提升基层政府治理能力与公共服务能力;其次,改善农村生态环境、培育优秀乡风文明需要不断提升构建健康文明乡风文化的能力;最后,加快乡村经济发展需要通过乡村治理提升农民主人翁意识,同时引入社会资本和经济建设型人才进入乡村。

第 2 章 乡 村 治 理

2013 年以来,集中力量解决乡村贫困问题成为乡村建设的重要环节。打赢脱贫攻坚战后,接下来更重要的一步就是巩固拓展脱贫攻坚成果,实现农村脱贫与乡村振兴的有效衔接,推动全面建成小康社会进程,书写好乡村振兴这篇大文章[8]。实现农村脱贫与乡村振兴的有效衔接,强化基层治理,是新时期促进乡村经济发展和国家治理的重要抓手。乡村振兴中,"振兴"二字不仅是经济、政治、文化、农村社会、生态的振兴,作为基层治理的一线位置,强化乡村基层治理振兴,也是当代促进乡村振兴的必要途径。结合当前"三农"问题新特点,遵循乡村发展规律,构建基层法制自治融合新局面,是当前优化乡村治理的重要途径。

2.1 基层治理引领脱贫攻坚的"战旗经验"

2.1.1 战旗村村容风貌

战旗村原名集凤大队,1965 年在兴修水利、改土改田活动中成为全国的一面旗帜,取名战旗大队,后改为"战旗村"。战旗村位于四川省成都市郫都区唐昌镇西部,地处横山脚下、柏条河畔,面积 2.06 平方千米,辖 9 个村民小组,现有 529 户家庭共 1 704 人;党总支下设 7 个党支部,村内有党员 83 人;曾先后荣获"全国文明村""中国最美休闲乡村"等称号。2018 年 2 月 12 日,习近平同志视察战旗村时称赞其"战旗飘飘,名副其实",要求战旗村在乡村振兴战略中继续"走在前列,起好示范"[9]。

2.1.2 战旗村基层治理模式

战旗村作为目前我国农村基层治理的样板示范村,通过建立党支部总负责的村级管理模式,将党建组织引领、干部队伍建设、村内制度规范、人才选拔培育、先进事例评选、听取民意民智六个方面相结合,创造了具有效率和效果的"战旗模式",取得了一系列令人瞩目的成就。战旗村敲响了四川省集体经营性建设用地入市"第一槌";将当地优势以"前店后坊"的形式打造了"乡村十八坊",发展特色加工和旅游观光;战旗村善于发挥地区特色优势,持续带动农副产品销售和乡村旅游的有序开展[10],截至 2020 年底,战旗村景区累计接待游客 79.4 万人次,村内旅游营业额 5 786.5 万元;战旗村充分发挥集体经济优势,以土地租赁、入股等多种形式,引进社会资本和企业入村投资,创建了杏鲍菇、花卉、蔬菜等多个种植基地。目前战旗村已建成绿色有机蔬菜种植基地 1 800 余亩①,集聚企业 16 家,吸纳 1 300 多人就业。2020 年,村集体资产合计 7 010 万元,实现集体收入 621 万元,村民人均收入提高到 3.24 万元[11],切实促进了农民增收创收,推动了乡村宜居宜业。图 2-1 为战旗村村口景观图。

图 2-1 战旗村村口景观图

2.1.3 战旗村党建引领基层治理措施

第一,战旗村基层党委通过完善村内党支部组织建设和组织覆盖范围,增强了党支部对村内各方情况的了解,可以统一梳理各方资源和信息,确保村党总支部对全村各方的进度进行具体掌握和精准安排,切实做到用党支部凝聚干部和人民力量,用党支部指导村内整体进程。把党支部建在项目上、建在产业上、建在人民中。战旗村现有新型社区支部、农业股份合作社支部、集凤实业总公司支部、满江红公司支部等多个涉及不同项目和群体的党支部,基本实现了对村内产业范围的全覆盖,使得村内经济建设和项目进展可以根据战旗村的发展现状进行灵活决策。

第二,战旗村进一步细化"三问三亮六带头",实行工作清单制和考评制。通过悬挂铭牌的方式向村民公示党员信息和联系方式,使党员实实在在地接受人民

---

① 1 亩≈666.67 平方米

群众监督。同时通过"乡村振兴培训学院""微党校"等载体，举办工作业务、素质拓展、时政政策等不同层面的多种培训，在增强党员自身责任感的同时，也逐步提高了党员干部的业务能力和服务水平。

第三，战旗村党总支部运用多种方式进行宣传教育。如通过"固定党日""党员 e 家"等形式开展的党员教育，筑牢党员干部的理想信念，注重党员党性教育和责任能力的提高，使全体党员有规则、有纪律，注重保持与人民群众的和谐关系，展现党员的良好作风和形象，不断提升党员的纪律意识和规则观念，确保党员干部在企业对接、项目引资、为民服务等工作中与民众保持纯洁关系，发挥其在各个项目和活动中的带动作用。

第四，战旗村坚持完善各项制度，用制度管人、管事。2018 年以来，战旗村党总支部先后修改并完善《战旗村规民约十条》《村民小组管理办法》《城乡环境治理十条》《战旗村乡村振兴三年行动计划》等并加强对制度条例的解析和深化，同时建立党组织和书记的党建责任清单，接受党员和群众对村内工作的反馈监督[12]；逐步形成村内按条例办事、按秩序用权、按计划执行的办事原则和办事风格，推动了村内制度建设和具体执行的有效衔接，营造了良好的乡村环境和氛围。

第五，战旗村重视对人才、干部的培养和选拔，通过"干部遴选""墩苗计划"等项目吸引了大学毕业生、退伍军人，以及农业技术人员等有意向参与乡村建设的人才回乡参与村内建设。在村内干部培养上，增加了干部多岗位工作和学习的机会，坚持现有干部重点提升、后备干部重抓储备的办法，制定了较为完善的人才培育机制，保障了村内人才干部地持续输出和有效供应。

第六，战旗村重视发挥党组织的排头兵作用和村民的主体作用，及时问计问需于民，促使自治、法治、德治的持续融合；构建了多个治理主体协调参与的法治、德治、自治"三治融合"的治理体系。村党总支部把党员干部进院入户"听取民意、集中民智、了解民情"作为工作常态，把"听懂民、真懂民、真为民"作为干部基本素养考核标准。

第七，战旗村党支部组织评选"文明家庭""先进个人""新乡贤"等先进事例。通过大力宣传先进典型人物和事例，宣传乡村正能量，在村内形成了健康的乡村文化和风气。有利于带动群众积极加入乡村治理的队伍中，营造你学我赶的浓厚氛围，形成"敢于投入乡村治理、个个争先创优"的乡村基层治理新风尚。

战旗村重视生态发展和绿色发展的理念，走可持续发展的道路。积极改善村内居住环境和生活环境，大力治理村内环境和污染问题，通过建设乡村绿道和柏条河湿地来改善生态环境，切实增强了人民的幸福感和满足感，探索出了一条绿色发展的建设道路(图2-2)。

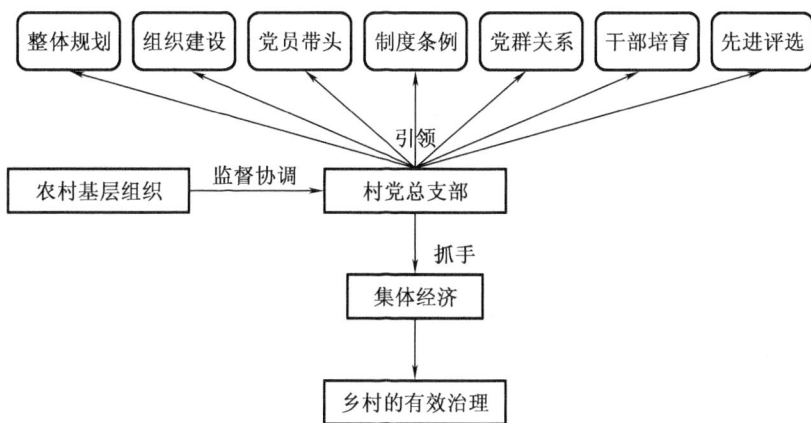

图2-2 战旗村"党建引领领域覆盖"运行框架

2.1.4 基层治理助力脱贫与振兴的能动作用

基层治理是对我国基层地区(如城市社区;农村、乡镇地区)的治理,国家治理体系和治理能力的现代化离不开基层治理的现代化。基层治理中涉及的工作量大、事务冗杂、不易处理,在全面建成小康社会的今天,如何稳步推进基层治理进程、提高基层治理效能和水平、满足人民群众对美好生活的要求成为当前一个亟待解决的重要任务。

加强基层治理,就是要发挥基层治理主体的能动和引领作用。加强农村地区党建引领,强化基层组织在乡村治理的带头作用。促进农村地区治理能力和治理水平的提升,增强民众参与村内事务的意愿,发挥其当家做主的主人翁作用。推动构建健康的乡村文化和乡村氛围,改善农村环境和基础设施,推动脱贫攻坚与乡村振兴的进程衔接。

作为国家治理体系的关键一环,基层社会治理的程度直接影响人民对社会制度建设的满意度和生活幸福感,加强基层治理一方面有利于推动各领域的增产增收,切实改变农村基层现状,切实提高民众生活质量,切实完善基层组织的引领作用;推进我国治理能力现代化进程,促进法治、自治、德治相结合的多元化治理体系建设。另一方面也有助于转变基层民众的旧有观念,增加民众对社会生活的参与感,增强民众的法制意识,统筹推进农村地区现代化建设步伐。

2.2　乡村治理的瓶颈问题

伴随着我国脱贫攻坚和乡村振兴战略的逐渐深入和贯通衔接,目前在基层治理上仍存在着一些亟待解决的问题和困境,比如农村部分地区存在着强制性压缩矛盾和"精细化治理"、人才干部队伍老化等现象。下面主要从基层政府层面、农村基层组织层面、乡村居民层面、乡村文化建设层面、人才建设和社会资本引进五个层面,尝试归纳提炼一些目前我国基层治理存在的瓶颈问题。

2.2.1　基层政府的治理难题

2.2.1.1　基层政府政策制定缺乏"适应性"

基层是政府联系群众进行社会治理的"最后一公里",基层政府作为基层治理的主要参与者,在政策制定上占有统筹协调的重要地位。然而在具体实施层面,基层政府往往缺乏变通精神,忽视各乡镇地区的实际情况,更多是借鉴上级文件精神,进行政策的"上传下达"。而在时间要求上,基层政府往往急于求成,使得文件政策"前脚刚到达"基层,后脚就要"马上安排,立刻执行"。很多基层工作者和村民对政策往往还一知半解就要开始实施,缺乏对政策的解读和认识。很多工作任务量大,涉及范围广,时间要求急,对基层工作者工作的积极性也有很大考验,使得实际治理效果大打折扣。

2.2.1.2　官员"官僚化"严重,过度关注"数字指标"

基层政府在治理实践中往往面临治理成果考核的压力,这使得部分官员干部基于官僚观念进行策略性应对,在扶贫资金分配、名额对接、政策扶持等方面,向基础好、易取得治理成果的村庄和农户倾斜,以此规避政治风险。比如在对各村进行金融贷款名额分配时,往往会将贷款名额分配给在村内有一定产业基础或者有一定偿还能力的农户。真正的贫困户往往得不到资金和项目上的支持,这显然脱离了脱贫攻坚的初心和目的,不利于基层社会的稳定,也加剧了农村内部的贫富差距。

2.2.1.3　政策未能长期贯彻,急于取得治理效果

基层政府官员干部选拔和调遣往往采用任期制形式,而新任官员到岗后往往会另立发展计划和"领导班子",彰显与以往人事安排的不同,这就使得原来的计划和总体目标得不到一以贯之的持续执行,甚至出现计划间相互矛盾的现象。这导致在具体执行时,基层执行干部既要不断学习又要变换思路方法,政策执行缺乏

延续性,降低了实际治理效率。更有部分官员不顾对生态环境的破坏,批复大批高耗能、高污染的"短、平、快"项目,以期取得短期治理成效而获得升迁机会,对农村地区生态环境造成了损害,明显违背可持续发展和绿色发展的理念。

2.2.2 农村基层组织治理困局

2.2.2.1 核心组织话语权不足,管理困难

新时期经济发展带来的金钱观念和西方消费观念大量涌入乡村,给村庄内部基层组织建设带来很大冲击,加之前期村庄内部土地分化,使得核心基层组织的凝聚力和组织力大幅下滑,村民往往认为自己仅是一个村内关系事物的协调者而不是管理者,造成以村两委为核心的基层组织在村庄内部话语权不足,组织效率低下,不能对村内工作进行有效统筹部署和安排。

2.2.2.2 组织内部分工不明确,效率低下

在农村基层组织中有村委会、基层党组织、农民协会等多个基层组织,随着农村经济的发展,各个部门在基层中的管理职责和地位不明晰,缺乏一个明确的核心组织进行领导和统筹安排。在具体实践中,往往出现多个执行者和决策意见。部分问题因涉及村内利益分配和权力关系,容易导致具体决策实践在各组织之间的相互掣肘。实际上,基层组织之间也很少以民众的角度思考问题,多数是从自身利益为出发点,表现出"维控型"和"压力型"治理的特点。

2.2.2.3 缺乏监督和反馈机制,微腐败时有发生

在实施具体工作进程中,村内其他基层组织和村民群体缺乏对政策实施的监督与意见反馈。很多基层组织权力较大,是政策的解读者,其他组织或村民不敢或不想对其决策进行质询或监督。例如在帮扶贫困户时,贫困户大多直接和具体负责的干部进行信息对接和进程反馈,治理效果监督机制缺失。民众也缺少其他监督和意见反馈渠道。村内干部握有对政策的主导权和解释权,容易助长不良干部风气,导致干群关系紧张和群众对干部群体的不信任,甚至滋生村内"微腐败"和欺压现象,不利于基层治理深入进行。

2.2.2.4 数字化脱贫明显,实质效果不足

随着目前农村地区基层治理进程的不断深入,上级政府对于基层治理的效果考察更加严谨,规范要求更加细致化。县乡政府普遍要求对村内贫困户的农户信息和治理成果进行归档,对村内日常各项工作也进行记录和整理。对数据填写和收集这类基层治理软条件的硬性要求,使得村内党委和干部群体要把主要精力放在整理归纳电子表格、档案、数据信息一类的文本化资料上,以便应对上级部门的

突击检查和成果考核,对实质性的治理项目投入不足。加之县乡两级对各类表格种类、样式和具体要求各有不同,这就导致村内花费大量人力、物力、财力在信息收集和汇总上。部分干部疲于应付,信息收集的准确度和实时性不足,使得村内治理和帮扶重点出现偏离,很难取得实质性的脱贫效果和治理成果。

2.2.3 乡村居民治理障碍

2.2.3.1 民众参与乡村事务的意愿不强

基层民众是否能参与到基层治理的实践当中,积极性和参与程度的多少直接关系到基层治理效果的好坏和国家治理能力的高低。基层民众整体文化素质普遍不高,很多村民年纪较大,观念传统、思维保守,不愿接受定点帮扶、产业扶持等,以"家丑不可外扬"排斥治理措施;在村内也更多依靠村民关系发声,村民自主性不足,缺乏民主化思维和参与乡村事务的意识。

2.2.3.2 民众执行治理决策的能力不足

民众参与基层村庄治理需要有一定的知识素养和民主思维,以合理的方式和途径参与乡村决策。村内部分民众虽然有参与村内事务的想法,但是由于自身对具体方针政策、村内各项事务进展及具体指标要求都不甚了解,当村内实施措施与自身观点相悖时,往往颇有微词,甚至号召其他村民与村集体决策唱反调,阻碍、延误基层治理整体进程。

部分民众虽能融入乡村治理的过程中,但在执行决策时更侧重自身利益,在村内指标分配和乡村规划上存在村内决策的"站队"行为,小团体现象严重,这在一定程度上阻碍了基层政策和计划的实施和推进,不利于基层治理的公开化、民主化进程。

2.2.3.3 村民强调"村籍",排斥外来人员

近年来,随着城乡人口流动越来越大,农村经济的市场化程度也逐渐提高,更多的城镇人员、技术人员、退伍军人和毕业大学生投身到村庄建设当中,然而很多村民从村内资源和利益的角度考虑,排斥外来人员落户乡村,特别是在村内企业的厂长或者项目的负责人不是村内人员的情况下,村民普遍认为"外村人"侵占了本属于自己的工作岗位和村内资源。他们往往采取团体集会的方式设法阻碍社会人员进入乡村,甚至阻挠项目建设进程,从而加大了基层治理的难度。

2.2.3.4 村内"权威"人物干涉政策制定

在乡村治理的实践过程中,村内会有一些有代表性的"权威人物"。他们在村民中有极大的话语权和地位,有的村内家族势力在其中扮演重要角色。很多村民

判断村内事务和政策往往也会向村内"权威人物"看齐。他们在村集体经济和政权中势力也较大,甚至对村风、村规都有影响。当政策进展影响其或其亲属利益时,"权威人物"会利用自己的影响力和村内势力干预或影响政策实施和进程,这给基层干部处理与其关系和政策实施带来了较大麻烦。

2.2.3.5 村内"空巢化"严重,缺乏年轻劳动力

随着国家经济发展越来越迅速,城乡收入差距一步步拉大,城市工资和基础设施建设水平都较农村更高。加之城市对青壮年劳动力的需求比农村多,使得很多农村青壮劳动力进城打工,甚至有的夫妻一同前往,这在满足了城市对于劳动力的需求和城市化的需要的同时也造成了乡村劳动力的缺失,使得村内留守儿童和孤寡老人的情况比较常见。村庄内部空巢化明显,不利于基层地区的人员管理,也造成农村地区土地资源浪费和乡村建设推进缓慢,使得基层治理进程缺乏活力和创造力,后劲明显不足。

2.2.4 乡村文化构建困境

2.2.4.1 农民价值取向错位,冲击具有乡风民俗

随着农村经济逐步发展和国家对于"三农"问题的重视,农民的生活环境和生活状况在很大程度上得到了改善,多种经济形式和发展观念涌入乡村,在带动农民增收的同时也在潜移默化中改变着农民的观念,在村内逐步形成了"金钱至上"的观念,这一现状在村内年轻一代中更为明显,农民价值取向与经济发展的现状出现明显错位。这给传统村内"勤俭节约、讲究孝道"的道德和宗法观念带来很大冲击。部分农民出现精神空虚和道德滑坡现象,"消费主义""享乐主义"在村内盛行,给村内健康的乡村风尚建设和乡风文明建设带来很大威胁。

例如,在精准扶贫政策中,由于贫困户在资源和福利上都享有优势,而且政策在教育和医疗等民生层面也都有所涉及,这就在村内形成了"人人争领贫困"的现状,这不仅造成村内名额恶性竞争和关系恶化,而且也易导致干群关系僵化,滋生腐败的土壤。这显然背离了精准扶贫的初心。

2.2.4.2 乡村文化建设不足,村民关系淡薄

由于村内土地分散在村民手中,各家各户的侧重点和发展规模也各不相同,村民关系也渐渐疏远。乡村内部对于健康乡风的重视程度明显不够,轻视了村庄内部的文化建设,乡村文化发展主要还是以照抄照搬的形式应对,没有形成独具特色的文明风尚和文化氛围,使得村民之间关系紧张,不利于村干部开展基层工作。

2.2.4.3　乡村文化地标性建筑面临损毁风险

随着城市化进程的不断深入,部分村庄把经济发展水平和楼层高低进行盲目联系,更多在表层功夫上做文章。乡村中传统性、地标性建筑正面临着破坏、损毁,甚至消失的风险。部分村庄的标志性古建筑让位于村内的村容村貌,改旧变新风气盛行,大量乡村古建筑被拆毁,取而代之的是统一制式的样板楼房。部分村庄对村内的祠堂、牌坊、古宅等古建筑疏于管理,加之风吹雨淋等外部原因和人为破坏,致使这些建筑荒废甚至倒塌。部分村庄在进行建筑修缮时以节约资金为目的,不考虑古建筑的样式和材料构成,出现了修缮的粗制化和形式化现象,破坏了古建筑的原有形态和样式,造成传统建筑的损失。

2.2.5　基层治理人才和社会力量缺失

2.2.5.1　基层治理人才缺失

随着目前基层治理的细化和精准化的深入进行,很多基层的干部队伍年龄偏大,领导干部队伍的年龄结构和文化结构与经济发展要求不相匹配,部分干部长期处于精神涣散状态,对新政策和新事物的接受和学习能力明显不足,工作方式古板老旧,对待工作态度敷衍,责任意识明显不足,在具体的政策实施上缺乏灵活性与创新性,效率低下,不能很好地带领基层群众。尤其是在乡村地区,目前缺失既有知识、方法又有理想的新干部。在农业农村建设方面,也存在农业科技人员、农村经济能人、农村土地专家等专业人员的缺乏问题,这不利于基层地区的经济发展,会阻碍农业现代化的整体进程。

2.2.5.2　社会力量参与不足

社会资本作为对农村经济建设的一个有益补充,在资金、人才、技术等方面都具有号召优势,是促进农业农村面貌改善的一个重要力量,但目前很多村庄对本村的企业和产业保护意识较强,对社会资本入村戒心较重。部分村庄想引入社会资本参与基层建设,但基层组织凝聚力不强,村两委无法将村内有效资源进行集中整合。部分村庄基础设施较差,自然环境和资源条件等硬件不足,使得有意进村的社会资本望而却步,造成社会资本流失。

以上是从基层政府、农村基层组织、乡村居民、乡村文化、基层治理人才和社会力量五个角度对目前基层治理的困境和问题进行的阐述分析,可以发现,目前我国的基层治理虽取得了一定成就,但是在纵深和实施层面仍面临着不少的困境和难题。这就需要分析具体问题并进行经验总结,找出农村地区发展的切实问题并进行处理,以促进农村地区的乡村振兴和农业现代化进程。

2.3 乡村治理的重点领域

2.3.1 乡村贫困治理

贫困是当今世界面临的重大难题,消除贫困是国际社会的共同使命。精准扶贫是针对全球贫困治理提出的"中国方案"。精准扶贫是在总结过去扶贫经验的基础上,结合当前贫困现状,针对不同贫困地区的自然环境、不同贫困个体的贫困状况,整合优化扶贫资源,运用科学有效程序确保扶贫到村到户,精准贫困是与粗放式扶贫相对的一种扶贫政策。具体工作包括对扶贫对象的精确识别、精确帮扶、精确管理、精准考核,这是一个动态的管理过程[13]。自精准扶贫施行以来,从中央到地方都将其作为工作重点,国家希望通过这种形式解决农村贫困问题,中央负责宏观的政策设置,农村的基层组织负责政策的具体落实。2021 年 2 月 25 日,中国脱贫攻坚战取得了全面胜利,现行标准下 9 899 万农村贫困人口全部脱贫,12.8 万个贫困村全部出列,832 个贫困县全部摘帽,区域性整体贫困得到解决,消除绝对贫困的艰巨任务已经完成。

虽然我国的脱贫攻坚工作取得了全面性胜利,但保护住胜利的果实,避免"返贫"现象的发生也应受到重视。这不仅需要国家层面上继续深化巩固脱贫政策,也要发挥好基层的重要作用。在贫困治理中,基层政府和农村基层组织的地位十分关键。本节结合基层政府和农村基层组织贫困治理的相关文献,从治理重要性、治理现状、治理能力提升建议三个方面展开讨论。

2.3.1.1 贫困治理回顾

1. 贫困治理的重要性

王志章等人(2021)指出贫困是一个世界性难题。中国共产党自成立以来,就一直致力于解决贫困问题在不同的历史阶段采取了不同模式的扶贫实践[14],旨在达到共同富裕。万秀丽等人(2021)指出中国脱贫逻辑认真吸收了马克思返贫理论,将人民利益摆在首位,动态地、发展性地继承和发展了马克思返贫理论,形成了中国自己的治贫思路[15]。2021 年,中国脱贫工作的成就举世瞩目,党中央动员全党全国全社会之力共同参与脱贫工作,形成了具有中国特色的脱贫方案,为世界的脱贫工作贡献了极其富有价值的经验[16]。

基层治理是国家治理的微观基础,要提高基层治理能力,深化巩固脱贫攻坚工作,落实好各项贫困治理任务。王玥琳等人(2021)指出要抓准贫困关键,坚持以中国特色社会主义返贫理论为指导,继续坚持政府主导的地位[17]。丁建彪等人(2021)认为驻村工作队作为微型组织和治理工具的双重载体,在嵌入扶贫脱贫工作中与上级组织、基层政府、基层自治组织和农户等行为主体形成的良好沟通关系深刻影响着贫困治理的整体效能[18]。曲延春(2021)通过对驻村第一书记的深入研究,认为驻村第一书记是实现农村减贫和推动农民收入增长的重要力量[19]。由此可见,强化基层治理能够帮助贫困治理更快、更有效地精准落地。

2. 贫困治理的现状

习近平同志在全国脱贫攻坚表彰大会上指出:"要切实做好巩固拓展脱贫攻坚成果同乡村振兴有效衔接各项工作,让脱贫基础更加稳固、成效更可持续。"基层政府和农村基层组织作为联结国家和群众的纽带,在贫困治理中扮演了重要的角色,做出了巨大的贡献。在获取脱贫胜利果实的同时,也应清楚地认识到贫困治理任务仍然艰巨。张登国(2021)认为当前我国的乡村贫困治理存在社会动员碎片化、社会参与失衡等问题,同时基层政府在贯彻落实脱贫政策时更多考虑的是刚性的制度规则,缺乏一定的自主性和灵活性[20]。湛礼珠(2020)认为目前的农村基层治理存在现有制度供给和村民、自治组织之间不匹配的情况[21]。李棉管(2020)则认为在贫困治理中,基层分包制度落实得不够,容易受到行政任务和现实执行阻力的双重影响,一定程度上影响了贫苦治理的效果[22]。杨立雄(2021)认为当前我国进入了相对贫困状态,且相对贫困状态的概念仍较为模糊,需要对其持有冷静的态度[23]。由此可看出,我国的贫困治理工作仍旧任重而道远。

3. 贫困治理实践的探索

随着精准扶贫工作取得全面胜利,贫困户摘掉了"贫困"帽子,但导致贫困的原因层出不穷,存在再次致贫的风险,解决贫困的对策也需要与时俱进。国内学者根据不同原因导致贫困的现象提出了许多不同的建议和对策。

赵艳霞(2020)从家庭隐性贫困角度指出提升脱贫内生动力的关键表现在逐渐从被动扶贫转为主动脱贫。要以"创新""共享"理念为指导,"扶志""扶智"与"扶治"相结合,打破"扶贫—返贫"的恶性循环,实现稳定脱贫[24]。陈宗胜等人(2021)认为要继续深化巩固脱贫成果,将重点放在解决相对贫困上,更新相对贫困标准,保证脱贫减贫常态化进行[25]。曲延春指出(2021)要提高农民工资收入,帮助解决农民生存发展的问题要从能力入手,既要扶志,也要扶智,同时也应当建立返贫监测机制[26]。杜庆昊(2021)建议结合乡村振兴的相应办法,从目标导向性、路径有效性和体系综合性等方面全面构建减贫治理体系,将乡村振兴和贫困治理深度融合,共同推进经济社会的全面发展[27]。

2.3.1.2 贫困治理的必要性

精准扶贫体现了社会主义本质要求。社会主义的本质是解放和发展生产力，消灭剥削和两极分化，最终实现共同富裕。据统计，十八大以来，习近平同志在30余次深入全国各地的考察中，一半以上都涉及扶贫工作。现在中国特色脱贫攻坚制度体系已全面建立，各方联动广泛参与的大扶贫格局也已基本形成，创造了我国减贫史上的最好成绩。如今，我国结束了消除绝对贫困的攻坚任务，但因为仍存在许多隐性的致贫因素，所以进入了相对贫困治理阶段。因此，继续深入探讨挖掘脱贫任务，仍是国家关注的焦点和工作的重点。目前仍有部分地区居民生活质量较为低下，发展程度较为落后，相对贫困问题仍然存在，一些地方的基础工作不扎实，官僚主义现象时有发生。对于具体的"农村基层组织扶贫治理存在什么后续阻碍""致贫因素到底在哪里"等一系列问题没有精准答案，因此在建立缓解相对贫困的长效机制过程中，需要结合新时代特点，把握相对贫困的现状特征并着重分析，继续对脱贫工作攻坚克难，尤其是要着重瞄准贫困认证体系的建设、贫困帮扶标准和体系的完善，更要加强应对贫困问题的动态化治理能力，坚持分类治理的原则，加大公共基础设施的投入，保持灵活的、常态化的贫困治理状态[28]。

2.3.2 土地要素治理

土地是乡村振兴的基石，也是农业发展的基本要素。乔陆印等（2019）认为宅基地制度改革有助于促进人口、土地、产业等城乡要素的快速流动与整合重组，是乡村发展的有力抓手[29]。何仁伟（2018）从人地关系系统理论出发，认为土地资源放活对城乡融合和乡村振兴具有重要作用[30]。由此可见，整治土地资源、提高土地利用效率可以为乡村振兴提供充足的基础保障。

农村大量土地资源闲置是导致农村发展受阻的一个重要因素。祁全明（2018）认为农村闲置宅基地的大量存在不仅造成土地资源浪费，也是对乡村振兴战略实施的重大障碍[31]。赵艳霞等（2017）认为宅基地闲置问题，是农村土地利用的自然现象、人口流动的人文现象，经济发展的社会现象在不同地域、不同历史时期的综合表现[32]。贺雪峰（2019）提出农村土地细碎化是乡村振兴战略面临的组织困境问题之一[33]。宋志红（2018）认为大量农民工进城务工甚至定居导致农村常住人口大量减少，宅基地退出缺乏有效途径，宅基地闲置状况严重[34]。马聪等人（2018）指出部分地区存在土地利用不规则、空间利用率低、生态保护不周等问题[35]。

土地作为国之重器，有效且有序利用对一个国家的整体发展具有极其重要的意义。宅基地作为重要的土地资源,对其进行综合整治是国家关注的重点。开展闲置宅基地整治是国家现实所需,也是促进土地资源优化配置和保障乡村振兴顺利实施的必要环节。而在乡村振兴战略实施背景下,我国农村面临宅基地闲置、农户宅基地利用意识淡薄、宅基地整治效果不明显等问题,宅基地功能的应有发挥受到现实难题和思维困境的严重制约。据《中国统计年鉴 2019》显示,当前中国乡村人口数量高达 7 亿多人[36],存在农村人口大量流入城市的现象,而且除少数沿海经济发达地区宅基地能够实现一定的财产性价值以外,大部分中西部地区由于经济发展相对落后,宅基地无法产生足够的交换价值,从而导致农村大量宅基地处于闲置乃至荒废状态,在极大程度上造成土地资源的浪费,且大部分农民存在祖宅等传统思维,不愿将闲置宅基地交还进行复垦或采取再利用等措施。基层政府开展闲置宅基地整治、宅基地腾退等工作也容易面临补偿资金不足,整治机制不完善等现实困境,这些都加剧了宅基地闲置问题,与土地资源优化配置的理念背道而驰。

闲置宅基地整治是土地要素治理中的一项重要工作,开展闲置宅基地整治,促进宅基地合理利用,显化宅基地财产价值是国家在新一轮土地制度改革中的重点所在,同时也对盘活农村资产、促进土地要素合理流动、实现乡村振兴战略具有重要意义。更好地进行耕地保护必须制定科学的政策执行方式,同时还必须加大对农民保护耕地的激励力度,及时进行耕地保护政策的反馈,注重不同主体间利益分配的合理化[37]。

土地要素治理要落实到基层,《中华人民共和国宪法》和《中华人民共和国地方各级人民代表大会和地方各级人民政府组织法》中明确规定,县、乡两级政府是基层政府。这两级政府作为国家基层行政机关,承担着推动基层地区发展和维护基层地区稳定的重任。这两级政府作为国家政府系统的末梢,面对市场和社会的微观环境,也是对接农户诉求的直接政权。在闲置宅基地整治工作中,基层政府也发挥了重要作用,积极响应国家宅基地改革的战略号召,从整治政策的具体制定,到因地制宜地实施规划、监督维护整治工作,在后期整治成果巩固和维护中都做出了巨大贡献,极大保障了各地闲置宅基地整治工作顺利进行。只要上级政府发布新的政策和考核标准,基层政府的行动逻辑和执行方向就会立刻发生改变,执行和行动力强,响应能力较为迅速。

2.3.2.1 政策制定宣传充分

政策制定宣传是开展闲置宅基地整治工作的基础。上级政府将闲置宅基地整治政策下发,基层政府认真领会、吸收上级精神,通过对本村进行实地考察,并对整治的必要性开展评估,依照上级政府下发的文件具体制定各项发展规划和调整方案,组织召开集体会议,向农民宣传具体的整治工作。如江西省余江县以"村民自治"和"政策宣传"为重要推动力,采取全村域全动员的战略,促进宅基地制度改革,取得了稳定、显著的成效;河南省郸城县根据国土资源局指示,以建设实际为出发点,充分发挥群众作用,通过电视讲话、宣传标语等多种形式立体化宣传了宅基地整治工作。

2.3.2.2　制定合理的规划设计

规划设计是闲置宅基地整治中的重要内容,也是贯穿整个闲置宅基地整治工作的主线。我国学者将宅基地整治工作划分为不同模式,以制度变迁角度为主、以提高城乡建设用地增减挂钩效率为主、以节约土地资源效率为主等。本书结合各学者的研究,综合我国宅基地整治工作,将闲置宅基地整治概括为宅基地流转、宅基地退出、宅基地规划管理三个方面。基层政府则要根据当地农村现状,落实基层政府属地责任,差异性地开展闲置宅基地改革和整理。中央农村工作领导小组办公室、农业农村部最新发布的《关于进一步加强农村宅基地管理的通知》中明确强调了基层政府要具体承担指导宅基地分配、使用、流转、纠纷仲裁管理,以及宅基地合理布局、用地标准、违法用地查处,指导闲置宅基地和闲置农房利用等工作[38],严格把控土地资源的高效利用,促进村庄环境的健康发展。

2.3.2.3　监督保障工作顺畅

在闲置宅基地整治工作中,由于基层政府是一个独立的个体,所以基层工作人员具有自身"经济人"的特性,他们容易遇到利益冲突,容易为了自身利益而损害农户利益。有些地区并未将土地的定价细则、产权归属、使用年限等权益方面政策内容公开,且在信息完善程度和政策解读上存在含糊其词、模糊不清的情况,导致信息源流失严重,信息匹配性较差,仅限于政府相关工作人员知晓具体政策,农民却无法清晰了解本地区关于闲置宅基地整治的相关细则。信息透明度较低,容易在一定程度上加深政府与农民之间的矛盾,甚至出现基层政府行政化、脱离群众基础的现象。因此,强化监督保障工作是促进闲置宅基地整治顺利进行的重要保障。基层政府必须将政策内容详细地公之于众,让农民能够清晰明了地知晓政策细则。佛山市高明区明确提出要加大巡查力度,注重安全监管,保障闲置宅基地整治顺利进行;嵊州市对全市闲置宅基地整治全程进行监督报道,认真考虑整治的合法性、公开性、资金运行的合理性以及政策处理的公平性;九江区则成立宅基地整治领导小组,制定长效的违法违规超大宅基地整治绩效考核制度,并严格落实,对不履行职责或工作不力的单位和各村(居)进行绩效扣分,极大提高了闲置宅基地整治工作的效率。

2.3.2.4 整治成果维护到位

整治成果维护是闲置宅基地整治工作顺利落地,确保农村环境长治久安的最后防线。以陕西省为例,坚持调整优化农村用地结构和保障民生权益的正确导向,完善农村基础设施、公共服务的整体建设,坚持科研院所、各级政府、企业、农民合作组织等多部门协作的工作方向[39],共同维护闲置宅基地整治成果。嵊州市各县区根据实际情况,按照"有限资源有偿使用"的思路,设立了专门的农村宅基地整治基金,用于闲置宅基地整治建设的后续保障,形成了闲置宅基地整治工作目的明确、干劲儿足、后劲儿稳的局面。

基层治理在贫困治理和土地要素治理中扮演了重要角色,在农村发展规划中发挥了巨大作用,为我国的脱贫攻坚和乡村振兴战略的深入实施打下了深厚基础。

2.4 乡村治理的优化策略

2.4.1 完善和构建合理的治理体系

2.4.1.1 重视农民地位,完善问题反应与应急机制

没有广大农民的参与,乡村治理就是无源之水、无本之木[40],特别是对于基层民众,基层的声音往往伴随着问题,基层的实地经验往往可经历时间检验。要充分发挥农民在乡村振兴中的主体地位,重视农民和农民性群众组织的话语权,有效激活农民主动性和参与感,充分发挥其主人翁作用。建立紧急问题应急反应机制,同时借鉴城市治理中的"吹哨报道"经验,在问题发生时各部门群策群力,分工处理。使问题自下而上进行反馈,重要问题与突出困难在第一时间进行反馈,可以有效降低重大事故发生的风险,提高民众的幸福感、满足感,使基层治理更具稳定性。

2.4.1.2 发挥村干部自主性,变通成果检验形式

村内干部群体更熟悉本村的治理现状和各户的具体家庭情况,在政策执行时要善于进行权力下放,有效发挥基层干部的自主性,这在提升乡村治理质量的同时,也会增进村干部为人民服务的积极性,利于深入后续相关工作。扶贫成果的检验方式从上到下可以统一进行规范和要求,促使基层治理的重点由涉及资料和数据的软性工作转变到涉及村内基础设施、教育、医疗等硬性指标中去。简化不必要的数据收集和平台构建,在成果审查中更注重对村民具体生活环境和生活质量的长期考核,不能只依靠数据说话,更要依靠人民发言。

2.4.1.3 推进农村法治化进程,创新普法形式

实现乡村治理的法制化是现代乡村治理的内在要求,也是全面依法治国的重要组成部分。深入基层治理进程就要积极推进法治建设和宣传,建立健全乡村治理的法治保障体系,使得新时代乡村治理有法可依。在乡村地区进行形式新颖的普法宣传活动,利用公众号和新媒体平台进行普法视频创作,将法律与基层村民生活相结合,语言表述可以尽量通俗化、口语化,以增强村民对政策的认识和理解,使法治观念和法治意识深入民众生活,从而促进法治、自治、德治三者的有机结合。

2.4.2 党建引领农村基层组织建设

2.4.2.1 强化农村基层党组织领导核心地位

农村基层党组织是新时代乡村治理的具体领导者、组织者、管理者,是基层组织的战斗堡垒。这就要求在贯彻执行党的路线方针政策的同时,加强基层地区党组织和党员队伍建设,发挥党支部在基层治理中的核心作用。坚定基层党员的政治信念和本领能力,发挥基层村支书的"领头雁"作用,培养一批"有理想""能力强""敢担当"的党员干部队伍,坚持推进党员的"三问""三亮",提高基层地区党员的责任感和使命感,增强其为人民服务的意识。

推进党支部工作规范化进程,坚持深入开展"三会一课"活动。在发挥党组织在基层治理核心位置的同时也要进行党务、村务公开。规范党员参与基层治理的方式,善于在村内优秀村民中挖掘党员干部后备力量,把党的领导与基层自治组织和广大村民融为一体,贯穿于农村基层治理的实践当中。

2.4.2.2 明确权责关系,促进基层组织合理运行

要明确各基层组织间的权责关系和确切分工,形成以基层党组织为决策核心,做到村委会负责总执行的乡村发展模式,村委会向基层党组织负责,各部门和人员之间各自分管一摊,有所侧重,分工合作利于提高村内办事效率,也便于进行责任追溯和效果检验。提升党组织对村内各项具体事务的把控性,做到专事专办。简化沟通步骤和实施进程,能够捋清权力运行体制,也便于村民对权力运行进行监督反馈,有利于基层组织的廉洁性和公开化建设。

2.4.2.3 统筹村内土地资源,发展集体经济

土地资源作为乡村经济发展的重要部分,在乡村经济振兴中扮演着重要角色。村内党委和基层组织要统筹集中村内土地,对土地资源进行统一安排、合理规划、统一部署,与当地国土资源局做好信息对接,对土地资源合理有序开发,通过组织观察试点大力发展村内集体经济,发挥集体经济活力,促进农村社会的经济协调发展。

2.4.2.4 找准治理重点,做好公共服务

基层地区公共服务包括水、电、气、道路交通环境和基础设施建设等各个方面。基层治理的重点也应该放在村民倍加关注的方面,就农村目前发展现状来看,这些领域以义务教育、公共卫生、社会医疗保障为突出代表。要摒弃过去对"面子工程"和"政绩工程"的重视,促使基层工作落在实处。

2.4.2.5 重视生态环境保护,建设美丽乡村

基层治理的进程逐渐进入更深层次,生态环境的保护问题越来越值得我们重视和关注,以前村内经济的发展模式和经营方式较为粗放,在一定程度上是以破坏环境为前提的,这显然不符合绿色乡村和可持续发展的内在要求。我们在进行经济建设的同时,要坚持绿色发展理念,以维护生态环境为前提,保护好村内林地、草地、湿地等自然资源。可以在本村资源的基础上发展观光农业或特色旅游业,贯彻"绿水青山就是金山银山"理念。对过去破坏的生态环境进行分批次地修复和治理,还乡村以本来面貌。把生态环境建设纳入村庄长期发展的规划中去,把生态环境保护作为长期工程进行贯彻执行。

2.4.3 基层政府简政放权,合理施策

2.4.3.1 简政放权,方便基层行动和人民生活

基层政府要简政放权,简化基层地区办事流程,把权力下方到基层部门,为群众生活提供便利的同时也会大大提高政府部门的行政效率,避免堆积问题;检验治理成果更要结合农村地区经济发展的实际进行综合考察,不能重经济轻生态。同时针对各地区实际情况对长期目标和短期目标进行统一规划,政策执行要长期化、准确化,针对基层治理现状进行精准施策,避免"朝令夕改"。同时提高简政放权、放管结合、优化服务三者结合,有效提高基层治理的能力。

2.4.3.2 激发社会组织活力,化解社会矛盾

社会组织在发展基层民主、完善公共服务质量方面具有独特优势,社会组织能够调节人与社会之间、人与人之间以及其他群体之间的关系。可以选取有基层治理经验的社会组织进行权力下放,通过政府购买服务的方式改善基层治理的现状,这有利于化解社会矛盾,解决基层治理的实际问题。

2.4.4 构建健康文明的乡村文化风尚

2.4.4.1 制定村规民约,推动乡风文明建设

乡村社会是熟人社会,形成健康乡村文风文明就是要在结合现代治理理念和

方式的同时,充分发挥传统文化、乡风民俗对人的教化和规范作用。制定村约也要结合村内的实际情况尽可能体现全体村民的意愿,制定具有本村特色的乡约乡规。可以将其与家庭美德、个人品德、优良家风、先进事例相结合,避免形式化和空洞化,营造良好和谐的村民关系,充分发挥乡约乡规的"小宪法"作用。这不仅有利于村内不良风气的移风易俗,更有利于摒弃乡村地区关于婚丧嫁娶的大操大办等行为。

2.4.4.2 弘扬传统文化,营造良好文化氛围

发展乡村文化不仅代表着对本地区文化传统的认同和文化习俗的尊重,也符合目前乡村地区文化振兴的要求,文化事业和文化产业在带动地区经济发展的同时也可以产生良好的社会效益,加快乡村文化振兴和文化建设可以与乡村特色的旅游产业和休闲产业等第三产业项目相结合,充分发挥其文化创造活力,也可以将传统文化与乡村民宿、农家乐相结合,提升文化附加值。还可以开展多种形式的乡村文化节或者文化庙会等活动,逐步打造自主文化品牌和旅游文化节,带动乡村文化振兴,促进乡村经济和文化事业的双丰收。

2.4.5 引导社会资本和人才进入乡村

2.4.5.1 注重基层干部和专业技能人才培养

把人才培养和人才引入作为人才建设的两个重点,可以通过农村书屋、农校定期培训等形式提高农民的技能和水平;可以与当地大学、农校联系,建立一套完善的人才培养方案,定期送村内优秀农民代表进行学习交流,建立专门的奖、助学金培养体制,返乡创业,吸引大学生进行返乡创业,选拔一批有志向、有能力的人才扎根乡村建设,增强乡村建设的人才储备。

同时要积极鼓励、引导以农业科技人员为代表的新乡贤或有意从事乡村建设的城市人员进入农村进行创新创业项目建设,并适当给予政策倾斜,努力做到"回得来""干得好""留得住",将人才资源转变为发展动力,助力乡村治理的人才队伍建设。

2.4.5.2 完善基础设施,改善村内环境

村内基础设施的完善程度与人才进入和社会资本进入有直接的关系,这就要求基层政府和村两委在乡村建设中把基础设施建设作为规划建设的重点工程对待,重点改善农村居住环境,为人才和资本进入乡村创造便捷条件。

2.4.5.3 注重发挥村内"权威人物"的正面作用

在基层治理深入发展的进程中,要善于发挥村内"权威人物"的正向带动作

用,在村内事务进展中要妥善处理好村内干部与其的关系,当出现进展难度和实施困境时,村干部可以问策于这些"权威",向其学习有效的治理经验,以推动政策和开展工作。要勤加发掘这类人才的有利一面,"权威人物"在资金、人才、社会资本引入等方面以及基层政策实施层面都是一个合理的补充。

2.4.5.4　搭建乡村服务平台,吸引优质社会资本进入

利用互联网的优势建立网上信息和服务共享平台,可以跟据目前基层治理的现状引进满足条件和项目对口的社会资本,平台可以为社会资本参与乡村建设提供运营服务、项目信息等,将信息和条件相对接,也有利于增加社会资本进入乡村建设的渠道,有效避免灰色交易。

2.4.5.5　健全责任清单和激励机制,强化责任监督

在激励社会资本进入乡村的同时,我们也要清楚地认识到存在部分别有用心的企业,他们认准了政策和基础设施方面的倾斜和帮扶,对村内经济进行大面积的非农化、产业化建设,破坏了村内原有的耕地资源,有的甚至对村内自然资源和生态环境造成严重破坏。部分企业利用信息不对称的特点对村民权益造成了侵犯。这就要求我们要将激励机制和责任清单制度相结合,筛选真正助力乡村建设的优质企业,淘汰一味以经济利益为目的侵害村民权益的劣质企业。坚持"绿水青山就是金山银山"的发展理念,使基层治理进程更符合可持续发展的要求。

以上分别从社会治理体系、基层政府、基层组织、乡村文化、社会资本和人才引入五个层面进行发散,对目前我国的基层治理提出了一些建议和举措。总的来说,构建合理的基层治理体系离不开各个主体间的相互协调和配合。这就要求在总的体系搭建上要符合规范,基层政府要简政放权,对治理现状进行宏观把握,基层组织要结合实际,具体实施和灵活处理,同时广泛引入社会资本,为乡村建设人才注入活力,并发挥乡村传统文化对人的教化和引导作用,把基层治理融入中华民族伟大复兴的历史进程当中,推动脱贫攻坚和乡村振兴的有效衔接。

2.5　本章小结

目前,随着我国基层治理进程的不断推进和逐渐深入,基层治理作为推动脱贫攻坚和乡村振兴的抓手之一,通过构建基层综合治理体系,充分发挥各个主体在基层治理当中的角色和作用,使得不同力量形成治理合力,推动了脱贫攻坚与乡村振兴的路径衔接。通过对基层治理的现状和问题的分析概括,总结出目前基层治理的侧重点和具体措施,为我国乡村发展提供了经验借鉴和思路参考。

第3章 乡村发展

3.1 乡村发展的瓶颈问题

乡村振兴战略自提出至今,各省市、地方纷纷出台了与乡村振兴相关的政策与规划,社会各类主体也积极参与到产业、生态、文化、人才、治理过程中,推动了乡村的发展。乡村发展是动态演化的全过程,多元主体响应行为为发展汇聚了力量,发展内容相互融合衔接为发展奠定了基础,发展工具的有效实施为发展提供了保障。但在取得成效的同时,也存在一些问题与不足。

3.1.1 参与主体结构性失调

伴随着时代的更迭,我国乡村发展主体由传统乡村社会的宗教自治主导,到民国时期的国家权力渗透乡村社会,再到新中国成立以后国家权力主导、非正规主体日渐式微,再到改革开放后国家权力主导、多元主体,如市场主体、外来知识分子、返乡精英、乡村内部能人等[40],呈现多元主体参与到乡村的建设和发展中的特点。不同发展阶段的不同主体纷纷发挥各自资源优势,致力于乡村发展并取得了一定的成效,但纵观主体参与的全过程,问题与不足之处主要是能动性不高、职责不清晰、能力水平低三个方面。

3.1.1.1 参与主体的能动性不高

人力是推动乡村发展最重要、最活跃的力量,这一力量的充分发挥直接决定着乡村发展的效果和速度[41]。目前,我国乡村发展的主体可总结归纳为国家、社会、个人层面,其中,国家层面主要包括各级政府、乡镇党委、村两委;社会层面主要包括市场调节、企事业单位以及由村民自发形成的乡村民间组织等;个人层面主要包括乡村精英、村民代表、普通村民。

在推动乡村发展的过程中,基层政府作为重要参与者之一,其职能转变尚未落实到位,频繁出现职位空缺、权力越位、组织结构失衡现象,导致基层政府内部整体能动性不高,影响乡村发展规划编制的进展和政策落实。村两委作为管理农村基层事务的重要载体,往往因追求行政化而忽视了村民的个人利益与需求,引发村民的不满。普通村民由于个人知识水平有限以及思想上的不重视等因素,参与乡村发展的积极性不高。政府、社会、村两委、村民等不同主体能动性表现欠佳,致使乡村发展参与主体结构性失调。

3.1.1.2　参与主体的职责不清晰

任何活动都是在一定社会环境下发展的,乡村发展也不例外。受到社会环境、政策体制等方面的影响,每一项工作任务的完成都是在一定的文件要求下进行的,但由于乡村不断发展的速度远快于政策体制的颁布,旧的政策体制会制约乡村的发展。新时代乡村发展离不开多元主体的参与,而制定、公布相关政策要求以明确参与主体的职责和权力是必不可少的环节。

以《中华人民共和国村民委员会组织法》政策为例,该条例规定了乡镇政府与村委会之间的关系,即乡镇政府指导、支持和帮助村委会开展工作,村委会协助乡镇政府开展工作。但此制度对两个主体之间应如何指导、协助开展工作并未做出明细规定。

3.1.1.3　参与主体的能力水平低

参与主体的工作能力与效率会直接影响乡村发展水平。目前,参与乡村发展建设工作的主体趋于多元化,他们各自在不同的领域进行探索、助力乡村发展。其中,政府注重以农民的权益为中心,相关法律政策以及乡村基础设施日趋完善;农业现代化水平的不断提高,在一定程度上激发了村民参与的热情、引起了城市精英下乡投资的兴趣。但从整体上看,参与主体的能力水平有待提升。一是基层政府为了保持原有稳定现状,追求农村社会情况的短暂平稳,迫于政策绩效考核压力,或者对政策的理解不够,对于响应国家政策促进乡村发展的能力欠缺,因此导致相关法律政策的落实进展缓慢。二是大部分青壮年选择进城务工、外出学习深造等,留在村内的大多是儿童、妇女、孤寡老人等,因受教育程度、年龄的局限导致乡村劳动力水平低下。

3.1.2　发展内容适配性不高

乡村发展的内容涵盖产业、生态、文化、人才、治理等方面,具有综合性。

当前,就产业发展而言,各级政府虽然越来越重视产业特色化发展,但存在用行政化手段推动主体参与产业发展,以及产业链水平不高、融合层次较低等问题。就生态发展而言,在生态扶贫方面推行生态工程建设、实施生态补偿政策、发展生态特色产业等[42]。就文化与人才而言,国家越来越重视采用发展文化特色产业与文化教育培训等方式来培育人才。就治理而言,治理的主体逐渐多元化、内容不断被完善。

3.1.2.1　发展内容的融合度待提升

发展内容的融合度一方面体现在产业发展和生态建设上,发展特色产业是实现乡村发展的重要途径,生态建设是实现乡村发展的绿色保障,针对两方面的发展,政府分别制定了方针、政策以及规划。但在实际发展过程中,由于部分地区过于重视特色产业的发展而忽视了生态建设,未能将二者有机结合起来共同发展。另一方面体现在人才培养和基层治理上,越来越多的主体参与到基层治理工作中来,在一定程度上推动了基层治理工作的开展,但由于部分主体存在思想观念淡薄、谋取个人私利等问题,也制约了基层治理工作的开展。因此,要在人才培养上重视树立正确的思想观念、贯彻无私治理精神。

3.1.2.2　发展内容的适宜度待提升

无论是在哪一个环节都要注重所采取的措施与实际情况要相适宜。目前我国发展处于日新月异的大背景下,更需要在不同的发展阶段、不同的领域,采用合适的方法与手段。如仅以产业发展为支撑来带动乡村发展,对于深度贫困乡村地区是不可取的。因为深度贫困乡村的基础设施建设更加落后,部分基层干部缺乏综合服务管理能力,贫困户自身能力与文化水平不高,他们绝大多数仍以传统农业为主,第二、三产业的发展较为缓慢,导致落后的第二、三产业难以为第一产业的发展提供强有力的保障。

3.1.2.3　发展内容的均衡度待提升

产业发展、生态建设、文明建设、人才培养、基层治理之间是相辅相成、相互促进的关系,均衡发展每一项内容对当前我国实施乡村振兴战略中均衡乡村开发与发展都有着重要的意义。目前,参与主体把大部分的精力都放在了完善产业发展条件、追求物质财富上,而忽视了精神文明建设、生态建设,造成乡村社会充满不良风气。因此,在乡村发展过程中,要均衡处理物质活动与精神活动之间的关系。

3.1.3　发展工具有效性较低

无论是脱贫攻坚还是乡村振兴,最终目的都是促进乡村发展。不断推进乡村发展,离不开规划、政策、机制等方面工具的运用。目前,虽然在国家政策制度的支持以及全体人民的共同努力下,乡村贫困人口实现全部脱贫,但还存在大量易致贫"边缘户",由于他们没有享受到政策福利,且有着生计脆弱性,极易成为新的贫困户。面对这些新情况、新问题,必然要求规划、机制、政策和具体手段"因时而变、因势而新"[43]。

3.1.3.1 编制规划执行力不佳

为推动乡村发展、早日实现乡村振兴,在具体行动前,国家编制了一系列的规划,如2018年颁布的《乡村振兴战略规划(2018—2022年)》,对乡村振兴分别做出了短期、中期、长期发展规划,明确了各项工作开展的目标与发展路径。但相关制度框架和政策体系不完善、规划协调难等问题,导致规划执行效果不佳。

3.1.3.2 政策机制完善性不佳

在脱贫攻坚与乡村振兴有效衔接以促进乡村发展过程中,最突出的问题就是人、地、财三方面。针对此问题,政府颁布了相关的政策与机制,但仍然存在不完善的地方。一是乡村振兴战略提出后,各省市、地方政府开始着手制定乡村振兴规划实施方案。目前,虽然乡村振兴的制度框架和政策体系已经形成,但具体的衔接政策和实施方案还不完善。二是工作管理机制与民意沟通机制不健全,如在工作管理机制、脱贫攻坚与乡村振兴实践过程中,负责战略实施的机构和部门不一致。一般来说由扶贫办负责脱贫攻坚,乡村振兴战略由乡村振兴领导小组统一组织实施[44],导致两个部门在工作过程中存在沟通障碍,影响工作效率。在民意沟通机制方面,存在渠道单一、利益勾结问题,如因地方政府将"上访率"作为衡量社会稳定的标准之一,部分相关部门为了政绩,以强制遣送、拿钱息事等方式半路拦截上访村民,导致村民上访失败,个人利益诉求无法及时传达到上级部门。

3.2 乡村发展动力实证分析
——以宅基地改革为例

乡村发展在动态演进的过程中,呈现出了综合性、复杂性的特征。相较于人的主观因素以及发展内容的灵活性,发展工具的相对稳定性在一定程度上更能帮助我们抽丝剥茧,探究乡村发展的内在逻辑。在大量研究成果的基础上,以宅基地制度改革为切入点,探究乡村发展的动力,进而剖析脱贫攻坚与乡村振兴有效衔接的路径,具有深刻而现实的指导意义。

落实所有权、保障资格权、放活使用权是宅基地"三权分置"改革的主要内容。从形成逻辑的角度看,"三权分置"的改革动力分为主体性动力和客观性动力,改革支撑力、推动力、牵引力、助推力产生不同的效果,影响"三权分置"改革落实,探究改革动力作用机理能够发现改革动力的构成要素。

3.2.1 改革动力形成逻辑:客观性动力与主体性动力

3.2.1.1 城乡经济社会发展与宅基地功能转变

1.城乡社会经济发展要求宅基地制度改革

宅基地"三权分置"改革有利于激发城乡经济社会发展的潜在空间,通过促进城乡关系更加健康发展来支持地区全面发展。制度变迁的前提是现有制度存在潜在的利润,新的制度能够使潜在的利润内部化并显化。改革开放以来,我国城乡关系表现出独特的发展轨迹,在深刻的变革中不断优化和改善,经历了市场化改革城乡向好阶段、改革由农村转入城市城乡再度分离阶段、城乡统筹战略下城乡差距缩小三个阶段后,进入城乡全面发展阶段。在这一阶段,城乡发展有机理论体系形成,它包括发展目标体系、发展路径体系、发展对策体系,服务于城乡融合发展与全面小康社会建设。城市发展对土地的需求量增加,乡村振兴要求提高土地利用率,土地利用率提高有助于创造更高的土地价值、得到更高的土地收益。以往宅基地制度使农村宅基地的利用方式固化,现在通过合理利用宅基地、放活宅基地使用权、显化宅基地潜在的利润,可以促进城乡共同发展、有力地支持地区经济社会发展。

制度因素是经济增长的关键,宅基地"三权分置"改革与城镇化率提高、产业结构优化相互促进。我国的城镇化率平稳上升,2016年底常住人口城镇化率达到57.35%,比2012年提高了近5%,但我国户籍人口的城镇化率为41.2%,两者差距较大的原因是出现了数量庞大的农民工群体。2016年我国第一、二、三产业分别占比8.4%、39.8%、51.6%,与2012年相比,第一、二产业分别下降1个百分点和5.5个百分点,而第三产业上升6.5个百分点[45]。农村劳动力逐渐转移到非农产业,参与到城市建设中,对城镇化起到了积极的作用,随着人口城镇化和产业结构优化升级的推进,农民工市民化的水平也需要同步跟进。宅基地"三权分置"改革正是解决农民进城后顾之忧的制度安排之一。

2.宅基地功能转变要求放活宅基地使用权

两权分离阶段,宅基地功能以居住保障为主,萌生了优化产权的需求。在新中国成立后改革开放前,宅基地拥有的唯一功能是居住,随着家庭联产承包责任制在农村的普遍实行,除了居住之外,部分农民利用家中院落开展蔬菜种植、果树种植、牲畜养殖等活动,在满足自己生活需要的同时,适当增加家庭收入。这一时期,宅基地的利用方式出现了分化,区位条件较好的农村院落开展商业活动,如开设小吃部、小商店、理发店等,提高了宅基地利用程度;大部分地区农民工外出打工,导致宅基地出现周期性或季节性闲置状况,宅基地没有得到有效利用。两权分离阶段后期,产权结构已经无法满足有效率市场的发展,这种产权界定方式的边际效益不符合社会效益最大化要求,通过界定产权重新获得效益最大化需要建立有效的产权激励机制。

"三权分置"阶段,宅基地资产功能显现,重新设定产权安排。建设新农村和新型农村社区的导向,迁村并居、院落拆迁等宅基地治理模式凸显了宅基地的资产功能。随着农村居住环境的改善和农民居住诉求的转变,宅基地的文化功能、生态功能也相对增强。"放活使用权"后,通过明晰的产权界定明确当事人双方的责任约束,也帮助当事人形成合理的交易预期,从而提高宅基地利用效率。图3-1所示为宅基地"三权分置"改革动力形成逻辑图。

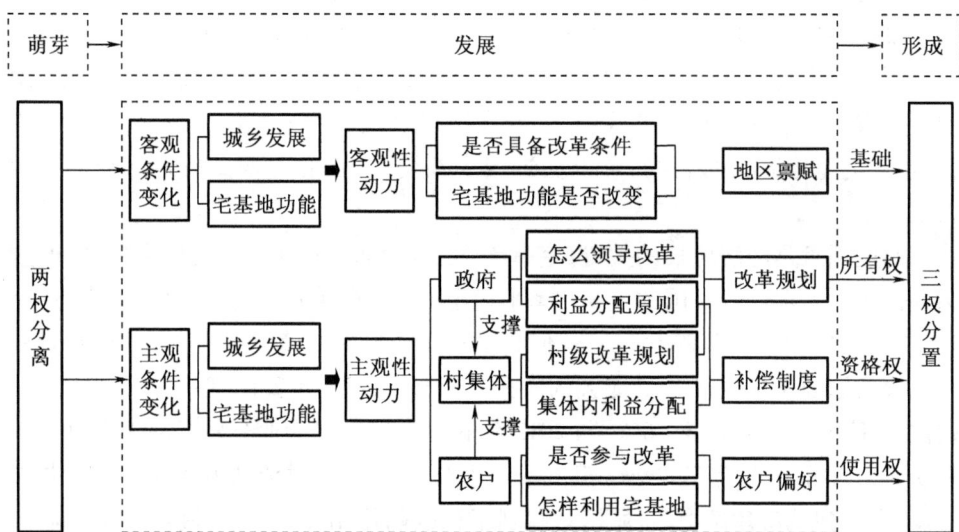

图3-1 宅基地"三权分置"改革动力形成逻辑图

综上,受城乡社会经济发展、宅基地功能转变等客观条件影响,改革的条件是否具备、宅基地功能是否需要改变的客观性动力通过地区禀赋条件来表现,为宅基地"三权分置"奠定基础条件。

3.2.1.2 国家顶层设计与基层改革利益诉求

1. 政府是宅基地"三权分置"改革的主要推动者

政府是理性的经济人,遵循"成本-收益"原则,政府既是制度的供给者,又是利益的协调者。从宅基地制度变革的角度来看,政府在不同时期采取了不同措施。

1950 年颁布的《土地改革法》，规定了农村宅基地归农民私人所有，可以自由买卖、转让、抵押，这一规定既稳定了新生政权，又保障了农民的利益，是对农民为国家独立在艰苦卓绝战争中的付出所给予的回报，这一做法在当时得到了农民阶级的支持，为新中国成立后国家的发展节省了成本。1962 年《农村人民公社工作条例》规定禁止买卖和租赁宅基地，为了完成社会主义公有制的改造，宅基地的所有权掌握到村集体的手中，房屋由社员永久使用。这一时期，政府政治偏好占主导地位，从政治需要的角度看，这一系列政策具有合理性。1963 年宅基地"使用权"的概念被提出，标志着两权分离的开始，"地随房走"的交易模式确定。1978 年，改革开放以后，社会主义市场经济体制初步建立、家庭联产承包责任制开始实施，农民认识到合理利用土地能够产生较多的收益，积极性得以激发，居住诉求与宅基地流转的收益需求不断强化，宅基地管理问题逐渐凸显。1982 年《村镇建房用地管理条例》实施，详细说明了宅基地使用权的规定，不仅对社员建房申报、用地限额、面积标准等做出规定，也规定了镇内非农业户口者申请并取得宅基地使用权的操作流程。1999 年《国务院办公厅关于加强土地转让管理严禁炒卖土地的通知》中，规定城市居民禁止购买农村住宅，确定了农民是农村宅基地的唯一使用主体，"集体所有、农民使用"的权能格局长期持续[46]。由此可见，从 1963 年到 2017 年，宅基地一直保持着"两权"的结构，随着客观条件的变化，政府做出不同的制度安排，将负外部性成本降低到较低水平，同时通过扩大或缩小使用权主体范围来调整和协调各方利益。图 3－2 所示为宅基地制度演进示意图。

图 3－2 宅基地制度演进示意图

政府致力于改善民生，通过设定"资格权"保障农民在宅基地方面的合理利益。宅基地"资格权"的设定从目标上看，是要追求农村宅基地居住保障功能与土地流转所带来的资产化收益功能之间的动态平衡，向上连接宅基地所有权，向下连接宅基地使用权,从而形成一个有机的产权整体。2018年,我国流动人口数量达2.41亿,每6个人中就有1人是流动人口,且流动人口的平均留居时间为5.7年,呈现家庭化趋势。80后新生代流动人口占比64.7%,成为主体,且拥有更加强烈的城市融入愿望。政府如果解决不好流动人口的问题,那么无疑将会带来管理的混乱和社会的动荡,因而保障农民的利益极为重要,宅基地"资格权"应运而生。

2. 村集体是宅基地"三权分置"改革的重要主体

村集体即农村集体所有制经济组织的简称,《中华人民共和国土地管理法》第十条规定,村民集体所有的土地依法属于农民集体所有,由村集体经济组织或者村民委员会经营管理,而村委会是自我管理、教育、服务的基层群众性自治组织,实行民主选举、决策、管理、监督,《中华人民共和国村委会组织法》指出应当尊重集体经济组织依法独立进行经济活动的自主权,同时又依照法律规定,管理本村属于村民集体所有的土地和其他财产,从而出现了村委会与村集体职权的交叉。这意味着村委会在土地等资产管理方面可以取代村集体经济组织。村委会与村集体的职能交叉在我国多部法律中都有体现,因此在实际工作中,村委会具有经营、管理集体财产的权力。村委会以民主自治为行动逻辑,其决策应体现村集体成员的集体意愿,遵循集体行动的逻辑。本书对村集体与村委会的区分不做过多赘述,仅从发挥宅基地财产权的角度采用村集体作为主体分析。

村集体在政府的支持下制定村级改革规划,或集体经营,或集中建设公寓式住宅,落实农村住房建设的宅基地管理,在国家收益分配原则的指导下进行村集体内部利益再分配。补偿方案只有得到集体成员的支持才能落实,村集体的决策应当是集体成员共同的意愿,在实际中,往往是村集体根据上级指示做出方案规划,向村民发布,最后劝服村民参与到规划中。村集体是改革中重要的主体,其行为关系到农户利益能否得到保障、农户是否为真正的自愿退出、村级改革能走多远以及改到什么程度等主要问题。村集体的主体性动力集中体现在村级改革规划方案与补偿制度中。

3. 农民是宅基地"三权分置"改革的主要参与者

纯农户数量日益减少,参与改革的潜在群体不断壮大,逐渐成为改革的主要参与者。根据农业经营状况,可以将农户分为三种类型:纯农户、兼业农户、非农户。纯农户只从事农业生产,长期居住在农村;兼业农户在种地之余打工增加家庭收入;非农户不再从事农村农业劳动,多数人外出务工形成农民工群体。兼业农户和非农户家庭往往出现宅基地闲置或部分闲置、季节性闲置的情况,其改革参与意愿是影响改革进程的重要因素。

农户追求整体效益最大化原则的行为选择是理性的,可以依据自身偏好做出有利于家庭发展的决策安排。整体效益最大化并不意味着收入的最大化,而是立足于家庭发展的需要。子女教育、就医条件、社会关系、风险评估等因素均会影响农民的理性选择。农户通过衡量所在地的基础条件、政府和村集体的改革规划、补偿制度,结合自身需求做出是否参与改革的决策安排。

综上,客观性动力形成的同时,主观认识随之变化,政府作为主要推动者、村集体作为改革的重要主体、农民作为主要参与者,从改革成本、利益保障考虑,形成主体性改革动力,构成宅基地"三权分置"——改革地区禀赋、改革规划、补偿制度、农户偏好四个方面的改革动力因素。

3.2.2 改革动力作用机理:基于力的属性分析

3.2.2.1 改革动力与改革阻力分析

改革既有动力也有阻力。根据力的属性分析,所有的力都具有大小、方向、作用点三个要素。构成力的若干因素作用于不同的作用点,产生不同的方向和大小,从而影响事物行进的方向。由宅基地"三权分置"改革动力形成逻辑发现宅基地改革动力 4 个作用点,分别为地区城乡发展、宅基地功能、政府保障农民权益的主张及农民参与改革的意愿。作用方向分为动力方向与阻力方向,动力推动改革进程,阻力阻碍改革进程,动力与阻力在一定条件下相互转换。改革动力具有强弱之分,不同路径之下呈现不同力的特征,例如,因素 1 作用于"宅基地利用"方式产生较强作用,成为改革发展的重要动力因素,如图 3-3 所示。

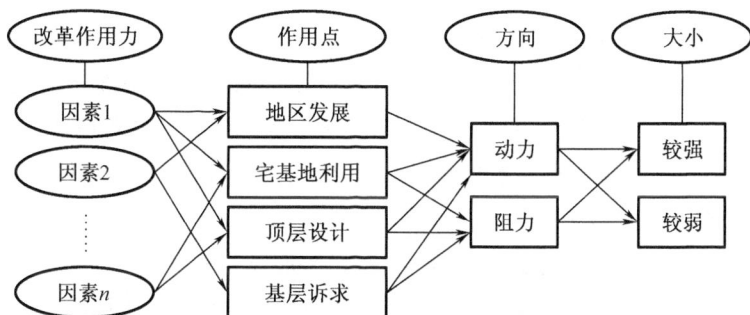

图 3-3 宅基地"三权分置"改革动力与改革阻力示意图

改革动力是单个力集合而成的动力系统,在不同的发展阶段呈现不同力的组合形式。宅基地"三权分置"改革动力在萌芽期以客观性动力为主,由诱致性因素引发;发展期以政府设计改革方案、推动改革进程为主;形成期则以农民参与为主。

改革阻力与改革动力相伴而生,可相互转化,宅基地"三权分置"改革中,改革动力引领改革方向,对改革进程影响更为突出,抓主要矛盾的方法论也要求我们对改革动力的研究优先于改革阻力。但在改革实践中,强调发挥主要改革动力因素作用,并不意味着忽视改革阻力,而是要时刻保持风险防范意识,化阻力为动力。

3.2.2.2 改革动力分解

在宅基地"三权分置"改革中,改革动力主要有改革支撑力、改革推动力、改革牵引力、改革助推力,如图3-4所示。

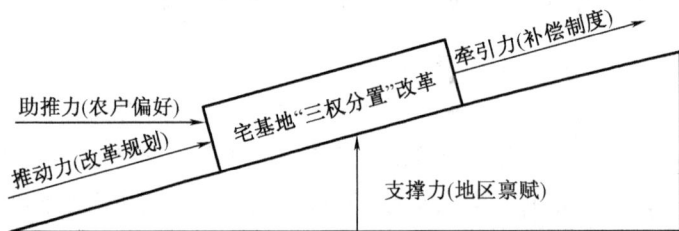

图3-4 宅基地"三权分置"改革动力分解示意图

1.改革支撑力

改革支撑力指地区改革发展的独特条件,是改革方案设计的基础。一个地区有哪些禀赋特征能够有效地支持改革进程是改革者首先要考虑的问题。依据地区禀赋条件设计宅基地改革方案、顺应地区发展规律有助于改革健康、稳定地推进。我国农村体量庞大,各具特色,不仅有中、东、西部的区别,南、北方的区别,还有平原农业区、城中村、半山区、山区、深山农业区等不同农业生产条件的区别。不考虑地区异质性一概而论,必然会导致改革无法顺利推行,因而在宅基地"三权分置"改革中,不同地区的改革应以不同的要素为基础,发挥优势资源的引领作用。

2.改革推动力

改革推动力是推动改革进程的重要力量,政府制定改革的目标、原则、流程,并评估改革成效、监督改革实施。村集体是本村宅基地改革规划和方案的主要制定者和推行者,在改革过程中的作用尤为突出。村集体最了解村庄情况,能够根据村庄的特点选择合适的方式,规划改革内容和具体措施。自愿有偿退出、宅基地置换、整村安置等不同的改革规划会带来不同的改革成效,村集体可制定改革规划,明确时间节点与阶段工作重点,直接推动改革进程。

3.改革牵引力

利益作为永恒的动力,在整个改革进程中起到至关重要的牵引作用。利益是一种基本的社会现象。人对利益的追求,是社会发展的动力因素,人们奋斗所争取的一切都和利益有关。利益存在于任何社会,农户参与改革的利益因素主要受补偿制度的影响,补偿标准的合理与否影响农户的选择,从而影响宅基地改革的整体进程。政府在保障农民权益问题方面的主张集中表达在补偿制度中,补偿制度本质是对农民权益的保障和收益的分配,政府从制度变迁成本的角度探寻公平与效率之间的平衡,调节社会经济发展中的矛盾。在实地调研过程中发现,农民对补偿标准的关注度比较高,反映出的问题也普遍集中在补偿标准不透明、补偿标准低等与自身利益相关的方面,无论是从历史规律、人的本性,还是从现实生活出发,利益作为牵引力在制度改革中有着重要的作用。

4.改革助推力

改革规划与补偿制度具有普遍性与宏观性,决定改革发展的大方向,而农户个人偏好则表现出差异性与特殊性,个人偏好在一定程度上具有相对独立性,同时受到地区禀赋条件、改革规划方案、补偿制度设计的影响。农户个人偏好与改革规划方案相比,对宅基地"三权分置"改革的影响较为隐性,构成改革助推力。

3.2.2.3 改革动力作用机理

宅基地"三权分置"改革受到支撑力、推动力、牵引力、助推力的共同作用,从不同作用点影响"三权"的功能,构成改革发展的不同路径,如图3-5所示。

图3-5 宅基地"三权分置"改革动力作用机理示意图

1.支撑力作用于城乡发展,通过改善地区禀赋条件,奠定"三权分置"基础

宅基地"三权分置"改革带有明显的诱致性制度变迁特征,改革的基础条件影响改革的制度成本,要素、资源在城乡社会经济发展中具有基础性作用,是政府改

善基础设施和公共服务,优化"三权分置"改革的基础条件。资源条件好、要素种类多的村庄有更加多样的"使用权"实现形式,且宅基地流转的市场化程度各异,宅基地财产价值的显化程度也不尽相同。依托资源与要素的配置,不同类型的村庄在实现"三权"经济、社会效益的基础条件上出现分化。

挖掘地区禀赋特征,发挥资源的基础性效用,能够最大限度地节约改革成本,利用资源与创造资源相比,操作更便捷、可行性更高。地区禀赋条件影响农户对改革感知程度,导致差别化宅基地使用权流转相应行为,影响宅基地财产权实现程度。

2. 推动力作用于宅基地利用方式,通过改革规划设计,落实集体所有权

制度供给受到产权变动成本的约束,当产权变动的成本下降、收益上升时,改革推动者趋向于做出制度变迁的安排;当资产的属性较多时,往往需要将这些属性分配给许多人,为了防止出现占用他人属性的行为,需要对分配方案做出某种限制规定,这种限制条件能够增加整体权利的价值。

宅基地功能由居住保障向居住保障与财产增收转化,在这一过程中,显化出宅基地新的属性,对新属性的利用和挖掘成为必然,在不产生纠纷的情况下,要使占有宅基地的农户将宅基地的使用权分配给其他人,就需要对这种产权的分化做出规定与限制。村集体的决策结果是农民集体意愿的表达,村庄以何种方式改革、怎么利用闲置宅基地推行改革是改革规划的核心内容。

3. 牵引力作用于政府利益分配机制,通过补偿方案,影响使用权实现形式

政府是利益的协调者与分配者,补偿制度是政府利益分配原则的集中体现。维护农民的权益不受损是改革的底线要求,制定合理完善的宅基地退出补偿制度集中体现了国家对农民权益的保障。补偿标准是整个改革中起关键作用的一环,既是改革规划的具体体现,又与农民利益紧密相连。

在调研过程中发现,科学合理、公正公开的补偿制度对农民参与改革意愿的影响较大,大部分处于观望状态的农户普遍关心补偿标准问题,争取到这部分农民的支持直接影响使用权的放活。若农户对补偿不满意,宅基地闲置的状态便会持续,宅基地使用权的放活形式始终受限。

4. 助推力作用于农户改革认知与预期,通过偏好表达,落实资格权

宅基地是农民最重要的财产权利,具有居住保障功能和财产收益功能,与农民对生活稳定的预期息息相关。农民除考虑整体收益最大化外,还受到城乡流动决策等个体偏好的影响。"三权分置"权属结构是土地产权更加合理地表现与必然趋势,符合全能的历史演变规律。

落实"资格权"的出发点在于保障农民的权益,农民改革的认知及预期在一定

程度上受其影响,有资格权作为保障,农民能够更加认同改革的价值和意义,也会对参与改革后的收入预期与风险预期有更清楚地认识。

3.2.3 改革动力因素构成:主要影响因素分析

通过改革动力形成逻辑与改革动力作用机理的分析,发现宅基地"三权分置"的改革动力的四个方面,还需要进一步系统性地探究因素构成。

3.2.3.1 地区禀赋条件

农村并非均质空间,地理区位、经济区位存在差异性。地理区位包括交通条件、资源条件,经济区位通过产业发展状况表达。当前,宅基地"三权分置"改革中地区禀赋还须考察宅基地资源状况,因此资源禀赋通过交通条件、资源条件、产业发展、宅基地资源发挥作用。

3.2.3.2 改革规划设计

改革规划从推动主体及改革流程、规划内容的角度进行考察。宅基地"三权分置"改革仍处在试点探索、经验总结的阶段,以村为单元开展改革,村集体根据试点特征设计改革方案,集体成员通过后,实施改革方案,可以说村集体作用发挥的效果对改革成效有决定性影响。改革的主要流程包括制定和执行。因此,改革规划中,村集体作用、程序制定、规划措施、规划落实为主要影响因素。

3.2.3.3 改革补偿制度

现阶段,宅基地改革的立法尚不完善,补偿制度处于探索阶段,农户不了解、不认同补偿标准会阻碍改革进程,因而对改革标准制定依据和标准内容的宣传较为重要,此外,标准制定是否合理、补偿方式是否科学关系到农户对标准认同程度的高低。补偿款发放落实的情况产生羊群效应,影响改革进程。通过标准宣传、标准制定、补偿方式、标准落实考察改革补偿制度对改革成效具有重要影响。

3.2.3.4 农户个人偏好

对住房有需求的农户趋向于参与改革,宅基地本身所具有的财产增收功能,对提升家庭收入有一定作用。进城意愿强烈的农户通过宅基地置换、宅基地退出等方式获得城镇住房,实现市民化的身份转换。而进城后对生活风险的评估和化解能力也对农户参与改革的行为决策产生影响。农户个人偏好可以概括为住房需求、收入需求、进城意愿、生活保障。

综合上述分析,改革动力包括地区禀赋、改革规划、补偿制度、农户偏好,进一步分析四种改革动力的因素构成,发现交通条件、资源条件、产业发展、宅基地资源影响地区禀赋,村集体作用、程序制定、规划措施、规划落实影响改革规划,标准宣传、标准制定、补偿方式、标准落实体现补偿制度,住房需求、收入需求、进城意愿、生活保障表达农户偏好。

3.2.4 宅基地"三权分置"改革动力的典型调查研究

文献研究结果表明,宅基地"三权分置"改革动力因素对宅基地改革成效存在重要影响,本章通过对天津市蓟州区宅基地改革试点的实地调研,探析宅基地"三权分置"改革的条件,即改革发生的临界点是什么,并对改革动力因素对改革成效影响的结构方程模型所需的数据进行处理和分析。

3.2.4.1 调研设计与实施

1.调研思路与调研方案

(1)调研思路

本着"全国—主要改革试点地区—试点地区典型村庄"的思路选择调研地区,采用从全国到地方、从一般到典型的思路,运用实地调查法、问卷调查法进行调查研究。

(2)调研方案

①选题阶段——对河北省迁安市典型农村进行初步调研

调研人员通过阅读、整理、分析和总结大量文献,结合土地资源领域的前沿课题研究,对宅基地改革的相关问题产生浓厚兴趣,但是宅基地改革所包含内容众多,从什么角度入手既能够深剖理论基础,又能够对接现实需求呢?调研人员深入河北省迁安市农村发现"空心村"现象确实普遍存在,宅基地改革的整体思路是科学的,但要在广大农村推行却遇到诸多障碍,缺少改革驱动力,最终确定对宅基地"三权分置"改革的推动因素进行深入考察。

②准备阶段——设计问卷并赴承德市滦平县进行预调研

调研人员走访了平原农业区迁安市典型农村后,就宅基地改革动力问题设计了调研问卷,初步设计指标为首次问卷发放、再次预调研奠定了基础。进入准备阶段,调研人员走访调研了承德市滦平县的深山农业区,发放问卷21份,总结调研经验、确定研究地点、再次修改调研问卷。迁安市与滦平县的调研经历使调研人员认识到,无论是平原农业区还是深山农业区,广大农村地区的宅基地改革实践均未形成规模,要研究宅基地"三权分置"改革的实践情况须以国家确定的宅基地改革试点地区作为调研对象。准备阶段的经验积累为调研阶段打下了坚实的基础。

③调查阶段——修改调研问卷并确定研究地区,深入蓟州区调研

天津市蓟州区为全国15个宅基地改革试点之一,蓟州区的改革实践具有代表性、经验较多、问题也逐渐凸显。调查阶段是社会调查最重要的部分,调研人员根据修改后的指标,在调研地点完成问卷的发放、回收及地方资料的收集工作。在发放问卷过程中,调研人员与村民进行深度访谈,对论文的撰写起到重要作用。

④研究阶段——资料的分析与信息的统计

调查阶段结束后,对资料进行整理与分析,运用 SPSS17.0 统计软件、AMOS 24.0 软件处理有效数据,并分析数据结果。

⑤总结阶段——论文的撰写与对策的提出

撰写论文,将调查过程、调查内容和调查结果固化。历经初稿—反复修改—定稿的过程,调研人员最终完成价值和事实两个层面上的宅基地"三权分置"改革动力与路径研究。

2. 调研地点选择与调研区域概况

(1)宅基地改革试点概况与调研区域选取

2015 年成为改革试点前,天津市蓟州区具有较好的改革条件,从第六次全国人口普查数据来看,15 个改革试点县(市、区)的基本情况在人均纯收入、人口净流动量、城镇化率上存在差异,具体数据见表 3-1。

表3-1 宅基地改革试点基本情况

试点地区	人均纯收入/元	人口净流动量/人	城镇化率/%
浙江义乌	21 273	492 663	71
湖南浏阳	21 035	-117 354	46
江苏武进	20 565	553 255	52
福建晋江	15 213	913 759	59
天津蓟州	14 470	-37 180	34
陕西高陵	12 167	38 823	57
新疆伊宁	11 369	43 620	72
湖北宜城	10 843	-72 075	46
江西余江	9 750	-26 979	37
四川泸县	9 331	-252 757	32
宁夏平罗	9 172	-35 511	37
云南大理	9 058	42 894	56
安徽金寨	7 146	-167 074	31
青海湟源	6 544	2 895	26
西藏曲水	7 471	-2 050	16

数据来源:《中国县域统计年鉴 2014》。

①宅基地改革试点的基本情况分析

首先,15 个试点县(市、区)经济发展水平差距较大,农民人均纯收入由东向西呈现递减规律;其次,近一半地区人口流入量大于人口流出量,另一半地区人口流出量大于人口流入量,这划分出两种不同的宅基地改革方式,形成多种宅基地改革模式;再次,城镇化水平与经济发展水平、人口流动等多种因素相关,15 个试点宅基地改革实践为全国范围内开展宅基地制度改革提供了较高的借鉴价值。

②天津市蓟州区改革试点的数据分析

对比 15 个试点县(市、区)的数据,可以得到如下结论:第一,天津市蓟州区宅基地改革试点的人均纯收入、城镇化率在 15 个地区中处于中等水平,具有一定的代表性;第二,天津市蓟州区为较为典型的农业区域,人口流出量大于流入量,存在一定量的闲置宅基地,宅基地改革的基础条件较好,同时,人口流出的数量并不高,宅基地管理与市场化改革的探索条件较好;第三,天津市蓟州区人均纯收入水平在试点地区中位列第 5,而城镇化率位列后数第 5,需要通过宅基地改革提高城镇化率,促进乡村振兴。

综上所述,选取天津市蓟州区作为宅基地"三权分置"改革典型调研的区域具有一定的合理性,加之研究者临近天津市,深入实地较为方便,增加了研究的可行性。

(2)调研地区概况

①自然地理条件

蓟州区位于北纬 39°45′~40°15′,东经 117°05′~117°47′,地处天津市最北部,南靠天津市区,西距北京市区 88 千米,东到唐山市约 90 千米,西离承德市 220 千米,位于京、津、唐、承四市中心,全区总面积 1 590 平方千米。天津蓟州区地势北高南低,由南到北依次为南部平原农业区、中部半山区、北部山区,随地理区位不同,村庄类型出现分化,形成不同类型。蓟州区典型的地理特征为选取调研村庄提供便利。

②社会经济条件

蓟州区常住人口 81.15 万,其中城镇人口 28.47 万,农村人口 52.68 万,2018年,蓟州区生产总值 380 亿元,一、二、三产业占比为 7.2∶31.1∶61.7,对 GDP 的贡献率分别为 4.2%、45.5%、50.3%。蓟州区旅游资源丰富,盘山风景名胜有"京东第一山"之称,其丰富的山区和矿产资源带动了周边农村旅游业的发展。

(3)选取调研村庄

综合自然地理和社会经济条件,选取包含了南部平原农业远郊区、平原农业近郊区、城中村、北部半山区和山区的 6 个村庄作为调研区域,发放调研问卷,获取研究数据,探究蓟州区农村宅基地"三权分置"改革的主要动力因素与关键改革路径。

(4)调研地点的改革条件分析

天津市蓟州区在 2015 年已经被设立为宅基地试点地区,蓟州区成立了专门领导改革的工作小组,选择了 21 个乡镇、街道,共分四大片区(上仓区、下营区、邦均区、马伸桥区)进行改革实践探索。2017 年试点的改革进程进一步加快,这四大片区的改革条件如何? 天津市蓟州区作为新一轮改革试点的重要区域的改革条件如何? 下面将总结分析 2017 年天津市蓟州区的基本经济条件,对调研地点选区的典型性做出进一步说明,见表 3 - 2。

表 3 - 2　蓟州区改革条件

指标	概况
农业发展水平	2017 年农业总产值 67.73 亿元、农业增加值 32.5 亿元,同比分别增长 1.9%;高标准农田投资 3 750 万建设总规模 1 666.67 公顷;市级农业合作社 95 家,区级专业合作社 786 家,农业龙头企业 1 家,家庭农场达 55 家
工业发展水平	2017 年工业总值 96.58 亿元,民营经济增加 288 亿元,占全区 73.8%,工业结构转型加快,新发展科技型企业 129 家,新增小巨人企业 3 家,专利申请达到 700 件,市级以上高新技术企业 20 家
服务业发展水平	旅游业发展较好,2017 年接待游客 2 400 万人次,增长 15.8%,旅游综合收入 130 亿元,增长 19.5%。
协同发展情况	依托京津冀发展平台,2017 年新签约重点项目 100 个,协议投资 1 177.46亿元
民生改善情况	2017 年 73 个村 3.7 万人完成基本养老保险延缴和补贴发放工作,全区居民养老保险参保人数达到 6.46 万人,最低生活保障标准调整到 860 元。实施 20 项民心工程。全年新增就业 1.14 万人
改革发展情况	2017 年新型城镇化综合改革试点一期累计竣工 269 万平方米,56 个村 4 万余人实现还迁入住

数据来源:《2017 年天津市蓟州区年鉴》。

综合表 3 - 1、表 3 - 2 数据可以发现,2014 年全国农村人均纯收入为 10 489 元,天津市蓟州区人均纯收入为 14 470 元,高于全国平均水平,改革基础较好;2017

年,蓟州区农业发展稳定,工业发展为宅基地改革创造了良好的产业发展条件,服务业的增长尤其显著,民生持续改善,新型城镇化综合改革与宅基地改革同步推进。因此,天津市蓟州区改革试点具有较高的研究价值,且与本研究的预定范围相符。

3.2.4.2 改革动力数据的收集与分析

1. 问卷设计

调查采用问卷与访谈相结合的方式,以问卷调查为主。问卷调查以典型村庄为单位。问卷分为两个部分,第一部分为村民基本情况,第二部分分别对应地区禀赋、改革规划、补偿制度、农户偏好四部分内容。地区禀赋条件包括交通条件、资源条件、产业发展、宅基地资源状况;改革规划包括村集体作用、规划制定程序、改革规划措施、规划落实情况;补偿制度包括补偿标准宣传、补偿标准制定、补偿方式选择、补偿到位情况;农户偏好包括住房需求、收入需求、进城意愿、生活保障。改革动力通过财产性收入增长率与生态宜居适宜度来考察。

2. 样本基本信息

本次研究选取天津市蓟州区西太河村、大唐庄村、西南隅村、南关村、小穿芳峪村、团山子村为调研对象,采取入户调研的方式,随机走访农户家中,共计发放问卷300份,有效回收266份,回收有效问卷率为88.7%,具体情况见表3-3。

表3-3 调研问卷发放与回收情况

城市	村庄	发放份数	回收有效问卷份数	回收有效问卷率
天津蓟州区	西太河村	50	43	86%
	大唐庄村	50	45	90%
	西南隅村	50	43	86%
	南关村	50	41	82%
	小穿芳峪村	50	48	96%
	团山子村	50	46	92%

第一部分被调查者的基本信息主要包括被调查者年龄、家庭人数、外出工作人数、非农收入占比,具体统计量见表3-4。

表3-4 被调查者基本信息

基本信息	条件	频数	占比/%
年龄	25以下	4人	1.5
	25~35岁	20人	7.5
	35~45岁	77人	28.9
	45~55岁	101人	38
	56岁以上	64人	24.1
家庭人数	1~2人	28户	10.5
	3人	89户	33.5
	4人	92户	34.6
	5人及以上	57户	21.4
外出工作人数	0人	84	31.6
	1人	87	32.7
	2人	60	22.5
	3人	31	11.7
	4人及以上	4	1.5
非农收入占比	无非农收入	19	7.1
	25%以下	7	2.6
	26%~50%	20	7.5
	51%~75%	73	27.5
	76%~100%	147	55.3

被调查者中45岁以上的有165人,占被调查者的一多半。其中35~45岁被调查者为77人,占比28.9%,在调查中发现这部分群体多集中在村集体产业发展较好的村庄,或距城镇较近的区域,少部分在村中经营超市、餐馆等商业活动。45~55岁年龄段的被调查者为101人,占总人数的38%,55岁以上的有64人,占比24.1%,构成此次调研的主要群体中,部分农户在村庄内、附近城镇季节性或周期性务工,55岁以上的农户多留守村内,是宅基地的主要居住者。

农村家庭结构逐渐发生变化,随着大家庭逐渐减少,核心家庭成为主要类型。子女均外出、仅剩老人在家中的农户家庭占比10.8%,这部分农户留守村中的观念较强;以3人或4人组成的较年轻家庭有181户,占比68%,这部分农户中父母劳动能力较强,子女外出读书或打工的情况较多,他们普遍有较强的城市融入愿望,也具有较强的城市融入能力;5人以上的家庭有57户,占比21.4%,这部分被调查者普遍保留较原始的家族关系,对新的宅基地需求较强烈。

182户被调查者家中有人外出务工,占总人数的68.4%。调查中发现,大部分家庭都有外出打工者,家中男主人外出比例更大。不同的务工群体产生了不同的宅基地使用率,务工者包括长期外出者、周期性和季节性外出者。84户农户家庭无务工者,以农业种植为主,或因无劳动能力享受低保政策,或年龄较大,留守家内的愿望强烈。

以农业种植为主要收入来源的家庭较少,非农收入占家庭总收入一半以上的农户占比82.7%,3/4以上收入来源于非农收入,147人,占比55.3%,这表明农民的主要收入来源已经不再是农业种植,农地外包的农户较多,年外包收入随地区不同而不同。

综上,典型调研的地区内部结构较为复杂,存在一定差异性,被调查群体年龄较大,对宅基地状况更为了解,符合研究预设范围。

3.改革动力调研数据分析

描述性分析是对大量数据资料的初步归纳和整理,是社会调查统计分析的重要步骤,对有效回收的266份问卷数据进行处理,利用SPSS17.0录入、处理数据,进行描述性统计分析,通过结果显示,初步探究宅基地"三权分置"改革进程的影响因素,确定改革动力测度的指标,见表3-5。

表3-5 描述统计量

基本信息	样本量	均值	标准差	偏度		峰度	
				统计量	标准误	统计量	标准误
年龄	266	3.76	0.954	-0.440	0.149	-0.239	0.298
家庭人数	266	3.67	0.929	-0.091	0.149	-0.887	0.298
在外打工人数	266	2.26	1.561	6.677	0.149	77.606	0.298
非农收入占比	266	4.21	1.156	-1.644	0.149	1.905	0.298
交通条件	266	3.09	0.890	-0.146	0.149	-1.215	0.298
资源条件	266	3.15	0.826	-0.213	0.149	-0.340	0.298
产业发展	266	3.17	0.877	-0.446	0.149	-0.365	0.298
宅基地资源	266	3.09	0.959	0.000	0.149	-1.037	0.298

表 3 – 5(续)

基本信息	样本量	均值	标准差	偏度		峰度	
				统计量	标准误	统计量	标准误
村集体作用	266	3.35	1.256	– 0.378	0.149	– 1.046	0.298
制定程序	266	3.33	1.179	– 0.269	0.149	– 1.076	0.298
规划措施	266	3.51	1.025	– 0.550	0.149	– 0.604	0.298
改革落实	266	3.24	1.075	– 0.300	0.149	– 0.818	0.298
标准宣传	266	2.73	1.188	0.353	0.149	– 1.031	0.298
标准制定	266	3.01	1.042	0.065	0.149	– 0.919	0.298
补偿方式	266	3.04	1.068	– 0.232	0.149	– 0.759	0.298
补偿到位	266	2.52	1.061	0.676	0.149	– 0.173	0.298
居住满意	266	3.01	1.011	0.242	0.149	– 1.071	0.298
收入满意	266	3.47	1.002	– 0.335	0.149	– 0.824	0.298
进城意愿	266	3.06	1.123	0.001	0.149	– .868	0.298
生活保障	266	3.30	1.098	– 0.404	0.149	– 0.542	0.298
居住改善	266	3.74	1.120	– 0.877	0.149	– 0.019	0.298
收入增加	266	3.52	1.096	– 0.273	0.149	– 0.903	0.298
有效的 N(列表状态)	266						

改革动力因素的初步分析结论如下：

(1)地区禀赋条件

地区禀赋的四个动力因素中,产业发展均值为 3.17,高于交通条件、资源条件、村中宅基地资源情况,标准差较小,为 0.877,即被调查者在此问题上的意见较为一致;交通条件、宅基地资源条件对于宅基地改革的影响较为相似,资源条件对改革进程的影响稍高于交通条件、宅基地资源条件的影响。这说明村中产业发展较好的地区更容易推行宅基地"三权分置"改革,可以引入市场化机制设计改革具体措施。

(2)宅基地规划

在大宅基地改革规划中,村集体作用的标准差最大,为 1.256,表明被调查者在该问题上的意见分歧较大,其差异性体现在偏度 – 0.378 和峰度 – 1.046 上,可以判定被调查者在村集体中作用发挥程度的认知上属于负偏平峰分布。均值排序为规划具体措施3.51 > 村集体作用3.35 > 制定程序3.33 > 改革落实3.24。四个因素差别不大,改革规划措施略高于其他因素,说明相比较规划落实,农户更关注改革规划的具体措施。

(3)补偿制度

在补偿制度中,补偿标准宣传标准差为1.188,表明被调查者在该问题上存在一定分歧,差异性体现在偏度0.353和峰度-1.031上,可以判定,农户在补偿标准宣传问题上的认知属于正偏平峰分布。补偿方式、补偿标准与利益因素直接挂钩,对农户来讲较为重要,与补偿标准的宣传与补偿到位相比,对宅基地"三权分置"改革成效的影响更大,说明农民注重的首要问题是补偿标准和方式,补偿标准宣传影响农户参与改革的行为。

(4)农户偏好

在农户偏好中,收入满意的均值最大,为3.47,标准差最小,为1.002,表明农户对收入增加的需求更为强烈,且在此观点上达成一致。农户进城居住意愿的均值为3.09,说明被调查者的进城居住愿望并不强烈,他们对进城后生活风险的预期较高,担心进城后的生计问题。

(5)改革成效

被调查者普遍认为宅基地改革有助于增加财产性收入、改善居住环境,改善居住环境的均值为3.74,大于增加财产性收入的均值3.52,且增加财产性收入的标准差为1.120,大于改善居住环境的1.096,说明农户认为宅基地改革的效果在改善居住环境中的作用更明显,且意见趋于一致。

3.2.4.3 改革动力结构方程模型构建

1. 改革动力理论模型构建

(1)初始模型修订

随着研究的深入,对宅基地"三权分置"的改革动力因素问题的认识逐渐透彻,调研之前,通过理论分析发现改革动力四个方面的因素与改革成效之间存在复杂的路径关系,如图3-6所示。随着实证研究的推进,发现在复杂的路径和关系中,总有一些关键路径对一些潜变量起作用,所以需要对结构模型进行修订,尽可能简化路径关系。

结构路径图	基本路径假设
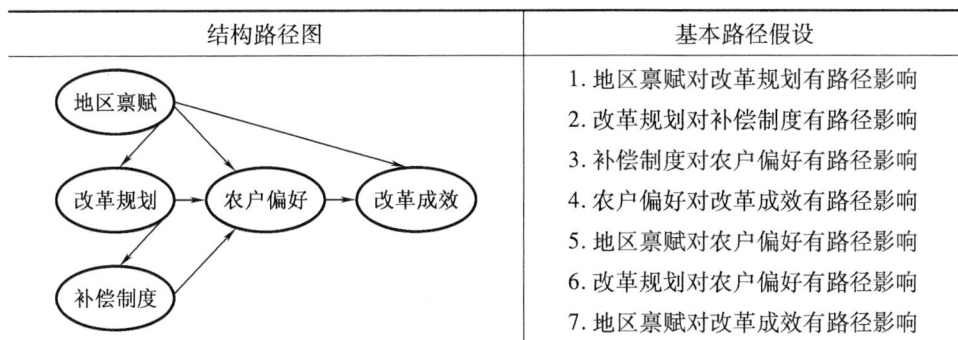	1.地区禀赋对改革规划有路径影响 2.改革规划对补偿制度有路径影响 3.补偿制度对农户偏好有路径影响 4.农户偏好对改革成效有路径影响 5.地区禀赋对农户偏好有路径影响 6.改革规划对农户偏好有路径影响 7.地区禀赋对改革成效有路径影响

图 3-6　改革动力初始结构路径图及其路径假设

(2)模型确立及假设的提出

结构方程模型路径和载荷系数能够清晰表示不同动力因素对宅基地"三权分置"的驱动作用,修订后的结构模型如图 3-7 所示。

结构路径图	基本路径假设
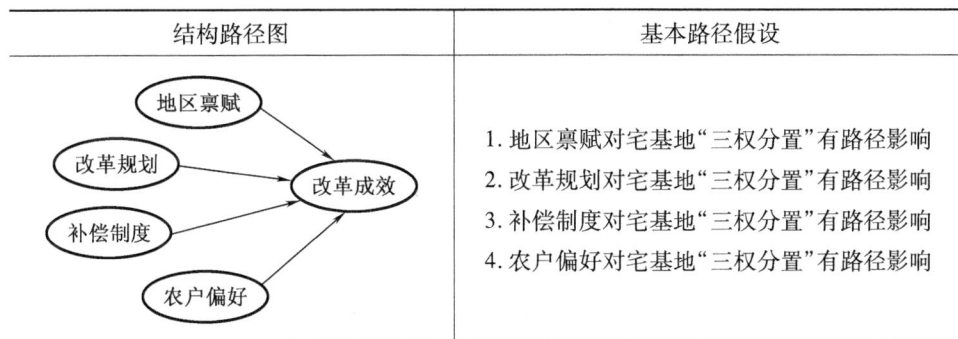	1.地区禀赋对宅基地"三权分置"有路径影响 2.改革规划对宅基地"三权分置"有路径影响 3.补偿制度对宅基地"三权分置"有路径影响 4.农户偏好对宅基地"三权分置"有路径影响

图 3-7　改革动力结构路径图及其路径假设

理论上路径系数为正,且系数越大对宅基地"三权分置"驱动作用越大,越能够促进制度的有效有序落实。由于减少的三条路径总可以在其他关键路径中体现,故不予以考虑,结构模型与模型假设得以确立。

2.模型变量的设定及内涵

结构方程模型可以用于分析潜变量之间的结构关系,建立模型与设定测量模型是关键的两个部分。建立理论模型是第一步,将每个潜变量转化为可观测变量来测量;第二步是设定测量模型,关键是可观测变量的选择,要求做到既能全面客观反映潜变量内涵,又能兼顾测量的难易程度、数据可获得程度。每一个潜变量都通过可观测变量表示,如果可观测变量数量太多,则模型复杂不易处理;如果数量太少,则易出现信息不足、含义遗漏等问题。潜变量设定是结构方程模型的基础,通过宅基地"三权分置"改革动力理论分析和实证调研,选择 5 个因素作为潜变量,通过文献研究、实证研究、理论分析选择 18 个因素作为可观测变量,潜变量与可观测变量的内涵见表 3 - 6。

表 3 - 6　潜变量和可观测变量的内涵

潜变量	可观测变量	内涵
地区禀赋	交通条件是否有利的评价（Q5） 资源条件是否有利的评价（Q6） 产业发展情况的评价（Q7） 宅基地资源情况的评价（Q8）	汪杨植等(2019)指出宅基地"三权分置"改革既要考虑宏观地理特征,又要考虑微观区位特征[47]。刘玉姿(2019)指出物理空间会影响围绕土地形成社会关系[48]。孙方舟(2019)考察安吉县后发现旅游产业发展与宅基地改革同步进行能够有效地增加农民收入[49]。赵亚莉、龙开胜(2017)指出宅基地资源特性决定宅基地配置利益维度[50]
改革规划	村集体作用发挥程度的评价（Q9） 规划制定程序是否满意的评价（Q10） 改革规划具体措施是否满意的评价（Q11） 规划落实情况的评价（Q12）	亢德芝等(2019)指出集体经济组织必须在改革中正确认知所有权权属,在宅基地改革规划方面巩固所有权地位[51]。林超等(2019)指出长垣县改革中科学统筹村级规划编制、政府引导与村民自治相结合尤为重要,同时应加强部门协调配合,落实改革规划[52]
补偿制度	标准宣传是否到位的评价（Q13） 标准制定是否合理的评价（Q14） 补偿方式是否科学的评价（Q15） 补偿到位情况的评价（Q16）	吴爽等(2019)调研海城区发现合理补偿能够较大程度提升农民退出宅基地意愿,农民主要选择货币补偿、房屋置换方式,其他方式较少[53]。胡传景等(2019)认为补偿标准缺乏依据,网上公开信息显示当前补偿标准较低,农民难以接受[54]

表3-6(续)

潜变量	可观测变量	内涵
农户偏好	住房需求程度的表达 （Q17） 收入需求程度的表达 （Q18） 进城意愿的表达 （Q19）	龚宏龄、林铭海（2019）指出农民的偏好因农民异质化情况不同而呈现差异性特征[55]。李荣耀、叶兴庆（2019）指出农民分化程度、非农收入水平、对农村宅基地依赖程度等因素对农民流转宅基地的决策产生影响[56]
改革成效	生活保障需求的表达 （Q20） 改革是否提高财产性收入 （Q21） 改革是否有助于生态宜居 （Q22）	宅基地"三权分置"的有效性和有序性

3.改革动力结构模型构建

将5个潜变量地区禀赋、改革规划、补偿制度、农户偏好和18个可观测变量同时纳入结构方程模型中,构建宅基地"三权分置"改革动力对改革成效的结构方程模型,如图3-8所示。

3.2.4.4　改革动力结构方程模型测算

1.模型数据处理

为了获取客观、准确的数据资料,前期做了较为充分的理论分析和调研实践,设计了宅基地"三权分置"改革动力因素的调查问卷,包含被调查者基本信息及4个调研问题,即被调查村民的年龄、家庭人数、务工人数、非农收入占比,以及问卷主体18个调研问题。包含5个潜变量、18个可观测变量,每个观测变量提出1个简单的问题,答案为正序或倒序的5个选项,这样的设计有利于作答者按照自己主观感受选择答案,降低拒答率。在数据整理的过程中,选择了Likert 5级量度,分值越高,被调查者对于该宅基地"三权分置"改革动力影响因素的满意度越高,该因素的动力越强。应用以下量表,将相应选项转换成数字,录入SPSS17.0数据库,得

— 61 —

到全部调查数据,见表3-7。

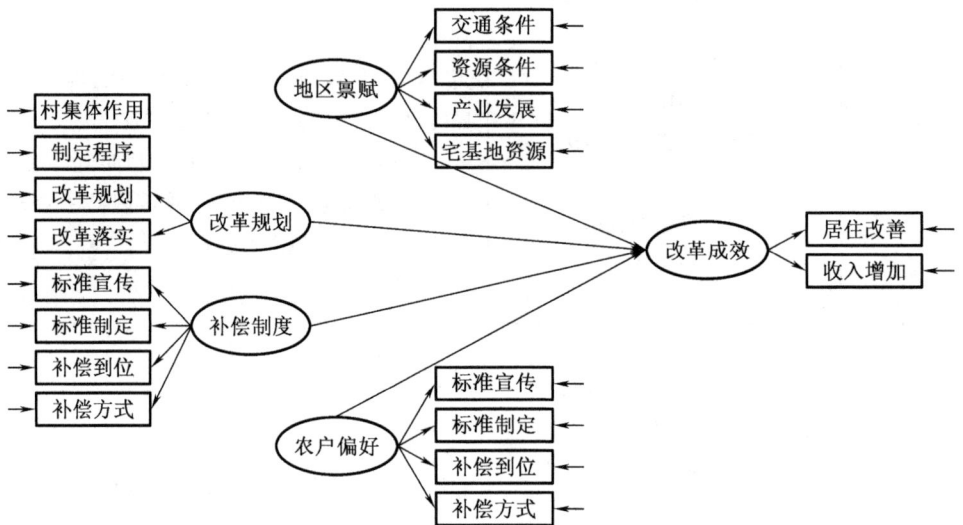

图3-8　纳入可观测变量的结构方程模型图

表3-7　对了解程度和满意程度的测量

	了解程度	1代表"完全不了解",5代表"很了解"
一	了解程度	1代表"完全不了解",5代表"很了解"
1	对地区禀赋特征了解程度	5　4　3　2　1
2	对村中宅基地改革规划的了解程度	5　4　3　2　1
3	对补偿制度的了解程度	5　4　3　2　1
4	对自身需求的了解程度	5　4　3　2　1
二	满意程度	1代表"根本不满意",5代表"很满意"
1	对当地条件的满意程度	5　4　3　2　1
2	对村中宅基地改革规划的满意程度	5　4　3　2　1
3	对补偿制度的满意程度	5　4　3　2　1
4	对自身条件的满意程度	5　4　3　2　1

2. 模型数据检验

检验问卷的可信度是问卷处理的第一步。信度即可靠性,是指对同一个被调查的农户在两个不同时间重复测量使用相同调查问卷时,得到相同结果的一致性程度,一致性越高,问卷信度就越高。为了考查问卷的可靠性、证明数据可用,信度分析必不可少。由于结构方程模型的所需数据是一手数据,利用信度检验能够有效验证数据结论。只有数据可信,问卷才能反映实际情况,研究才有价值。

最常用检验信度的工具是 Alpha 信度系数,其原理是判断各项目之间是否具有较高的内在一致性。通常情况下,系数在 0.5 以下,问卷是不可信的;0.5~0.9 为合理范围。在合理范围内以 0.6 和 0.8 为分界又分为三个层次:0.6 以下表示内部一致性较差,说明问卷质量较差;0.6~0.8 表示内部一致性较好;0.8 以上表示内部一致性极好,说明问卷质量较高。运行 SPSS17.0 软件,对改革动力调查问卷进行可靠性分析,结果显示,整体问卷的 Cronbach's α 系数为 0.802,问卷信度较高。改革动力数据信度检验见表 3-8。

表 3-8　改革动力数据信度检验

可靠性统计量		
Cronbach's Alpha	基于标准化项的 Cronbach's Alpha	项数
0.802	0.799	22

检验问卷效度是数据处理的第二步。效度指测量工具能够正确测出所要测量问题的程度,效度越高,测量结果越能显示所要测量的特征。

常用的效度检验方法为 KMO 和 Bartlett 检验。就检验标准而言,KMO 值大于 0.7、sig. 小于 0.05 时,问卷的结构效度良好。运行 SPSS17.0 软件对数据的效度进行检验,结果显示,KMO 的度量值为 0.815,说明本调查所选测量变量的正确测量程度较高。Bartlett 球形检验近似卡方值 3 003.871,检验概率 sig. 为 0.000,说明相关系数矩阵之间具有显著差异,数据可以用于结构方程模型测算。改革动力的数据 KMO 和 Bartlett 的检验见表 3-9。

表 3-9　改革动力的数据 KMO 和 Bartlett 的检验

KMO 和 Bartlett 的检验		
取样足够度的 Kaiser - Meyer - Olkin 度量		0.815
Bartlett 的球形度检验	近似卡方	3 003.871
	df	231
	sig.	0.000

3. 模型拟合与分析

(1)结构方程模型拟合

度量假设模型与观察资料的一致性程度(也称模式的适配度)是模型评价的主要目的。衡量结构方程整体模型适配度指标有很多,主要的衡量指标包括CMIN/DF、RMR、RMSEA,以及 GFI、IFI 和 CFI、PNFI,各个数值的标准见表3-10。

改革动力结构方程模型整体拟合优度结构现实卡方自由度比值为 2.292 < 3.000,模型适配度良好。其他适配度指标均达到标准要求,多个数据理想,模型整体拟合情况良好,说明假设的理论模型、实际数据之间有较高的契合度,模型结果较有说服力。

表 3-10　改革动力模型拟合指数

适配度检验指标	理想标准	一般标准	模型结果	结论
CMIN/DF	1~3	越小越好	2.292	尚可
RMSEA	<0.08	<0.1	0.07	良好
RMR	<0.08	<0.1	0.069	尚可
GFI	>0.90	>0.8	0.901	良好
CFI	>0.90	>0.8	0.945	良好
IFI	>0.90	>0.8	0.945	良好
PNFI	>0.50		0.694	良好

(2)测量方程拟合

极大似然法对估计结果进行对比分析,分析结果如图3-9所示。地区禀赋、改革规划、补偿制度、农户偏好对改革动力的路径系数分别为 0.02,0.24,0.51,0.33,补偿制度是对改革成效影响最显著的因素。通过"补偿制度"外生潜变量测量模型,宣传标准、标准制定、补偿到位、补偿方式对补偿制度的影响程度分别为 0.84,0.78,0.80,0.78,"标准宣传"的影响系数最大、"补偿到位"次之,由此可知,在宅基地"三权分置"改革过程中,对补偿标准的合理宣传有助于推进改革进程,补偿款发放是否到位是农民普遍关心的问题。

4. 模型评估

(1)路径系数与原假设拟合评价

通过图3-9可以清晰地看到四条路径的系数。其中地区禀赋对改革成效的路径系为0.02、原假设"H_1:地区禀赋对宅基地'三权分置'有正面直接路径影响"相符合,说明地区改革基地条件好有助于改革进程的推进;改革规划对改革动力的路径系数为0.24,与原假设"H_2:改革规划对宅基地'三权分置'有正面直接路径影响"相符,说明改革规划科学合理有助于改革进程的推进;补偿制度对改革动力的路径系数为0.51,与原假设"H_3:补偿制度对宅基地'三权分置'有正面直接路径影响"相符,说明补偿制度越科学,宅基地改革成效越好;农户偏好对改革动力的路径系数为0.33,与原假设"H_4:农户偏好对宅基地'三权分置'有正面直接路径影响"相符,说明农户参与程度越高,改革成效越好。

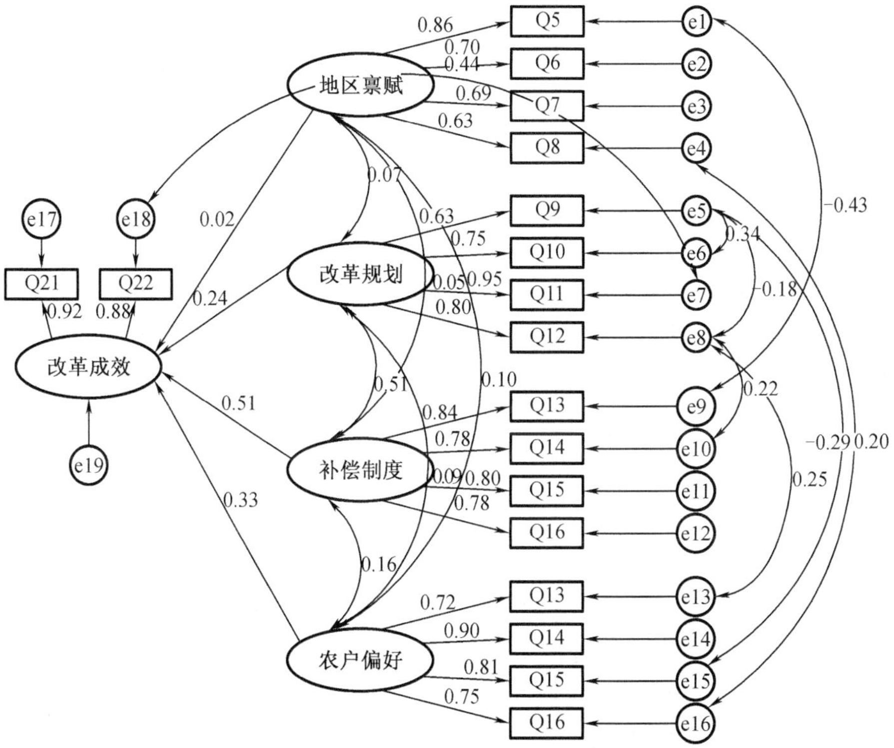

图3-9 改革动力模型 SEM 分析

(2)路径系数的显著性评价

潜变量与潜变量之间的回归系数称为路径系数,潜变量和可观测变量之间的回归系数成为载荷系数。模型评价首先要考察模型结果中估计出的参数是否具有统计意义,Amos 提供了一种快捷简单的检验方式,通过 $C.R.$ 系数来判断,当 $C.R.$ 值大于3.29时,对应 $P < 0.001$ 的显著性水平;当 $C.R.$ 值大于2.58时,对应 $P <$

0.01的显著性水平;当 *C. R.* 值大于 1.96 时,对应 $P < 0.05$ 的显著性水平。表 3 - 11 为宅基地"三权分置"改革动力的各路径的路径系数及对应的显著性水平。由表中结果可以看出,除第一项外其余项 *C. R.* 值均在 3.29 以上,估计结果达到 0.001 的显著性水平。

表 3-11　改革动力路径系数及显著性水平

			Estimate	S. E.	C. R.	P	Label
改革成效	←	地区禀赋	0.031	0.068	0.459	0.646	par_14
改革成效	←	改革规划	0.311	0.077	4.03	＊＊＊	par_15
改革成效	←	补偿制度	0.525	0.064	8.185	＊＊＊	par_16
改革成效	←	农户偏好	0.455	0.074	6.175	＊＊＊	par_17
交通条件	←	地区禀赋	1				
资源条件	←	地区禀赋	0.765	0.068	11.253	＊＊＊	par_1
产业发展	←	地区禀赋	0.798	0.072	11.054	＊＊＊	par_2
宅基地资源	←	地区禀赋	0.804	0.08	10.092	＊＊＊	par_3
村集体作用	←	改革规划	1				
制定程序	←	改革规划	1.111	0.088	12.686	＊＊＊	par_4
改革规划	←	改革规划	1.204	0.103	11.65	＊＊＊	par_5
改革落实	←	改革规划	1.073	0.104	10.336	＊＊＊	par_6
标准宣传	←	补偿制度	1				
标准制定	←	补偿制度	0.825	0.055	14.861	＊＊＊	par_7
补偿到位	←	补偿制度	0.854	0.056	15.239	＊＊＊	par_8
补偿方式	←	补偿制度	0.826	0.056	14.683	＊＊＊	par_9
居住满意	←	农户偏好	1				
收入满意	←	农户偏好	1.209	0.087	13.84	＊＊＊	par_10
进城意愿	←	农户偏好	1.212	0.093	13.002	＊＊＊	par_11
生活保障	←	农户偏好	1.111	0.093	11.95	＊＊＊	par_12
居住改善	←	改革成效	1				
收入增加	←	改革成效	0.943	0.053	17.879	＊＊＊	par_13

(＊＊＊表示通过1%的显著性检验)

表 3－12 为标准化回归系数,也就是改革动力对改革成效影响的结构方程模型的路径系数。结果与原假设相符,且达到 0.001 的显著水平,证明模型通过了检验。

表 3－12　改革动力标准化系数估计结果

			Estimate				Estimate
改革成效	←	地区禀赋	0.023	改革落实	←	改革规划	0.799
改革成效	←	改革规划	0.241	标准宣传	←	补偿制度	0.845
改革成效	←	补偿制度	0.512	标准制定	←	补偿制度	0.784
改革成效	←	农户偏好	0.329	补偿到位	←	补偿制度	0.801
交通条件	←	地区禀赋	0.856	补偿方式	←	补偿制度	0.781
资源条件	←	地区禀赋	0.704	居住满意	←	农户偏好	0.72
产业发展	←	地区禀赋	0.691	收入满意	←	农户偏好	0.897
宅基地资源	←	地区禀赋	0.627	进城意愿	←	农户偏好	0.81
村集体作用	←	改革规划	0.634	生活保障	←	农户偏好	0.754
制定程序	←	改革规划	0.751	居住改善	←	改革成效	0.918
改革规划	←	改革规划	0.947	收入增加	←	改革成效	0.879

补偿标准对改革动力的标准化路径系数为 0.512,高于其他因素,说明补偿标准对改革成效的影响最大、动力最强,这一结果与实际调查结果较为一致,表明模型具有反映实际情况的价值。

结构方程模型方差估计结果表明:一个外生潜变量及误差变量的方差参数估计,以及 5 个潜变量及误差变量的方差参数估计,除改革规划项 P 值为 0.003 以外,均达到 0.001 显著水平,方差估计结果表明模型界定合理,数据文件无问题,详细数据见表 3－13。

表 3－13　改革动力方差估计结果

	Estimate	S. E.	C. R.	P	Label
地区禀赋	0.576	0.073	7.931	＊＊＊	par_32
改革规划	0.633	0.112	5.628	＊＊＊	par_33

表 3-13（续）

	Estimate	S. E.	C. R.	P	Label
补偿制度	1.002	0.12	8.366	* * *	par_34
农户偏好	0.551	0.083	6.641	* * *	par_35
改革成效	0.393	0.057	6.905	* * *	par_36
交通条件	0.209	0.04	5.275	* * *	par_37
资源条件	0.342	0.037	9.234	* * *	par_38
产业发展	0.4	0.043	9.417	* * *	par_39
宅基地资源	0.574	0.057	10.09	* * *	par_40
村集体作用	0.94	0.089	10.524	* * *	par_41
制定程序	0.605	0.061	9.944	* * *	par_42
改革规划	0.106	0.035	3.016	0.003	par_43
改革落实	0.414	0.046	9.082	* * *	par_44
标准宣传	0.403	0.05	8.01	* * *	par_45
标准制定	0.428	0.046	9.323	* * *	par_46
补偿到位	0.407	0.045	9.051	* * *	par_47
补偿方式	0.438	0.047	9.382	* * *	par_48
居住满意	0.51	0.051	10.047	* * *	par_49
收入满意	0.196	0.033	5.923	* * *	par_50
进城意愿	0.423	0.048	8.757	* * *	par_51
生活保障	0.516	0.053	9.696	* * *	par_52
居住改善	0.197	0.044	4.465	* * *	par_53
收入增加	0.275	0.044	6.269	* * *	par_54

（＊＊＊表示通过1%的显著性检验）

3.3 乡村发展阻力实证分析
——以农村基层组织治理为例

　　贫困地区农村基层组织的年龄结构、学历结构和乡村活动的参与程度,村民对扶贫政策和项目、村民会议、扶贫活动的了解情况,农村基层组织对扶贫政策的宣传精准度、宣传方式、宣传力度以及农村基层组织对扶贫工作的落实效果、帮扶力度、信息公示、项目安排等方面的了解程度和村民满意程度存在差异，并且明显可以看出这些方面的不足对农村基层组织对农村治理效果存在一定程度的阻碍，影响贫困地区的脱贫成效，这些方面共同构成农村基层组织的治理阻力。作者将运用结构方程构建乡村发展农村基层组织治理阻力模型，定量分析和解释农村基层组织参与程度、宣传效果、执行情况和组织状态之间影响的方向与大小。

为了分析贫困地区农村基层组织的治理能力以及阻碍因素，本书采用了抽样调查的方法进行调查研究。按照全国—典型省份—典型市—典型县农村的基本思路，本着从全国到地方、从一般到典型的原则，选取河北省具有代表性的贫困地区作为调查对象，因河北省在自然条件、扶贫工作等方面都具有典型特征，便于调研分析。

全国大部分地区大多是因为自然条件受限制导致交通不发达，产业结构单一，河北省与全国大多数贫困县的贫困情形相近，但贫困成因又不像新疆、西藏、云南那样特殊，所以河北省具有调研的代表性。承德市又是河北省扶贫大市，因为其自然资源和交通条件的限制，使得承德市产业发展相对落后，产业结构不平衡，承德市人口中依靠农业收入的比例非常高，贫困人口约达 75 万，约占总人口的两成。选取滦平县是因为其发展受行政区划和自然条件的影响显著以及各级政府对滦平县扶贫工作的重视，在"环京津贫困带"24 个连片贫困县中具有很强的代表性。

3.3.1　结构方程模型的构建

结构方程模型是一种破解变量之间因果关系，融合路径分析和因素分析的一种多元统计分析方法，通过将无法描述却又希望研究的潜变量转化为可直接观测变量的方式实现各个潜变量之间结构关系的建立。结构模型的具体步骤包括模型构建、模型假设、变量检测模型拟合、模型评估和模型解释。

研究农村基层组织在扶贫开发过程中的治理阻力，治理阻力受组织状态、参与程度、宣传效果、执行情况的影响，这五种阻力也就成了结构方程模型中的潜变量，这些不可观测的潜变量之间存在的结构关系就需要通过建立结构方程模型来探究。研究对象是贫困地区的村干部和典型村民，他们在参与扶贫开发各项活动当中的行为和意愿是可以计量和观测的，他们的行为可以反映出农村基层组织对扶贫开发各项工作的宣传效果和执行情况，相应的参与程度和农村基层组织的组织状态也可以通过一定的可观测变量计算出来。运用结构方程模型方法分析农村基层组织治理阻力的流程图，如图 3 - 10 所示。

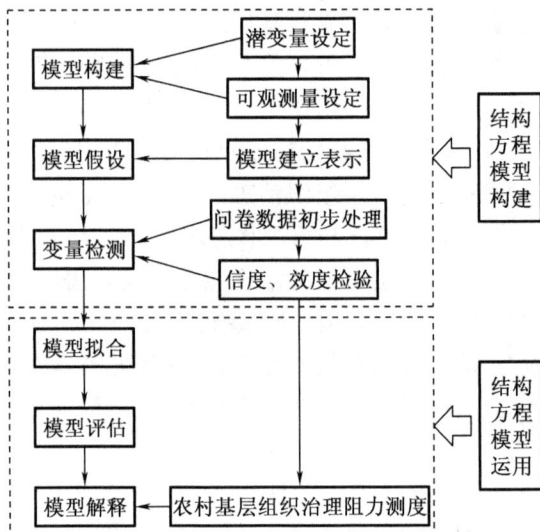

图3-10　农村基层组织治理阻力测度流程图

3.3.1.1　模型构建

随着文献的深入阅读、实地调研、深度访谈以及问卷调查结果,认为农村基层组织治理阻力可能存在以下的关系和路径,如图3-11所示。

结构路径图	基本路径假设
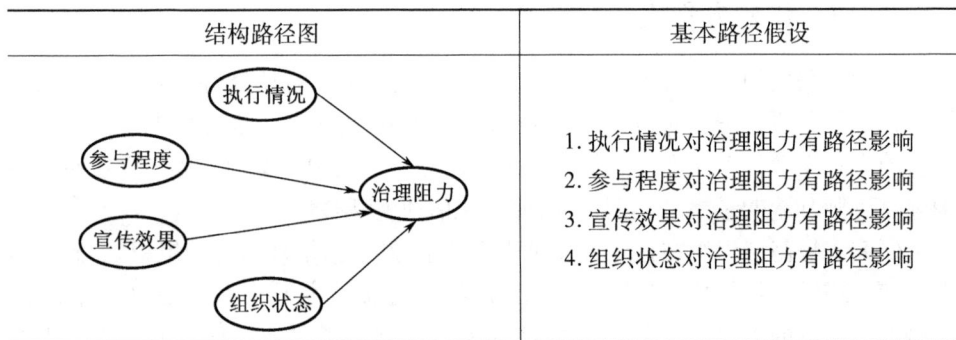	1.执行情况对治理阻力有路径影响 2.参与程度对治理阻力有路径影响 3.宣传效果对治理阻力有路径影响 4.组织状态对治理阻力有路径影响

图3-11　结构路径图及其路径假设

在理论模型构建的基础上,进一步明确具体假设。对确定的结构方程模型提出的待验证假设具体如下。

H_1:执行情况对治理阻力有负面直接路径影响关系;

H_2:参与程度对治理阻力有负面直接路径影响关系;

H₃:宣传效果对治理阻力有负面直接路径影响关系;

H_3:宣传效果对治理阻力有负面直接路径影响关系;

H_4:组织状态对治理阻力有负面直接路径影响关系。

3.3.1.2 潜变量和可观测变量的内涵

模型的构建需要已有的理论或经验对其进行事先设定,大量的文献阅读、理论分析和实证调研为潜变量的设定奠定了基础。潜变量的设定是结构方程模型的基础,结构方程模型主要研究潜变量之间的结构关系,本章的五个潜变量分别为参与程度、宣传效果、执行情况、组织状态、治理阻力。

结构方程模型必须将每个潜变量用可观测变量来测量,选择可观测变量,设定测量模型也是关键的一步。可观测变量应该是相互独立的、从不同的角度反映潜变量的内涵的变量,如宣传阻力这一潜变量的可观测变量包含宣传精准度、宣传力度、宣传方式,这三个可观测变量基本全面反映了农村基层组织对扶贫开发相关内容的宣传程度,且具有内在逻辑性并且相互独立。为了清晰表述,各个潜变量的具体内涵和包括的可观测变量,见表3－14。

表 3－14　潜变量和可观测变量的内涵

潜变量	可观测变量	内涵
参与程度	政策项目了解程度(a4) 农户会议参与情况(a5) 扶贫活动参与情况(a6)	张爱琼(2016)认为扶贫工作存在宣传不对称的原因,导致农民表现冷漠,对贫困识别等工作漠不关心[57]。张琦(2016)提出农民参与热情不高、参与程度低等原因影响扶贫效果,导致农民返贫现象严重[58]
宣传效果	宣传精准度满意程度(a7) 宣传力度的满意程度(a8) 宣传方式的满意程度(a9)	廖小红(2018)从扶贫宣传精准度不高、水平不高、机制不够完善三方面指出扶贫宣传存在的问题[59]。吴敏(2018)认为只有精准扶贫宣传工作成为重要措施并取得实效,精准扶贫工作才能顺利推进[60]。杜曼(2018)提出扶贫宣传工作要创新,重视宣传方式的多样化[61]
执行情况	识别效果的满意程度(a10)	雷望红(2017)从精准考核、精准识别、帮扶情况等方面说明政策执行

表 3 - 14(续)

潜变量	可观测变量	内涵
执行情况	带来帮扶的满意程度(a11) 扶贫公示的满意程度(a12) 项目安排的满意程度(a13)	偏差问题导致精准扶贫政策执行的不精准[62]。樊亮亮(2017)指出农村所谓的"党务公开"形同虚设,公开内容无关紧要,贫困群众无法从党的精准扶贫政策中获取最新信息[63] 刘雪芳等(2018)评价政策落实效果的指标应包括透明度、识别结果、帮扶措施满意度等[64]
组织状态	年龄(a1) 学历(a2) 重要事情的参与情况(a3)	赵艳霞(2017)指出精准扶贫的实现需要专业型、复合型人才,贫困地区缺乏高层次技能,乡村基层组织和干部素质是扶贫攻坚的重要条件[65] 黄美思(2017)认为农村干部素质的高低直接影响着扶贫成效的好坏。农村基层干部中存在软弱涣散问题,一些干部无时间、无精力去抓党建及日常管理工作[66]
治理阻力	治理是否有利于脱贫(a14) 治理是否有利于提升幸福(a15)	丁建军(2016)提出农村基层组织的建设直接决定扶贫成效的好坏,肩负着带领群众走向共同富裕的重[67]

3.3.1.3 模型建立

把可观测变量按照要求纳入结构方程模型,如图 3 - 12 所示。

3.3.2 农村基层组织治理阻力测算

3.3.2.1 数据处理与分析

前面进行的调查研究都是为了获取客观、准确的数据资料。为了获取全面的信息,便于数据的获取和处理,设计了包括村干部和村民两部分被调查对象基本信息和问卷主体的两份调查问卷,基本信息包括被调查村民的年龄、受教育程度、家庭人数、家庭年收入、主要收入来源等信息。问卷主体包括 5 个潜变量对应的 15 个可观测变量,每个观测变量中设置了正向或倒向的 5 个选项,被访问者可以根据自己的主观感受进行选择,这样的设计既有利于提高作答的有效率,也便于进行数据处理。为了提高数据整理和分析的正确性,量表采用了 Likert 5 级量度,分值越高,意味着被调查者对于农村基层组织精准扶贫治理情况越满意,表现越积极,治理阻力越小;反之,则表示满意度越低,参与度越低,治理阻力越大。利用以下 Likert 5 级量度,把相应选项转换成数字,录入 SPSS17.0 数据库,得到全部调查数据。这样的处理结果实现了定性数据到定序数据的转换,有利于软件处理,见表 3 – 15。

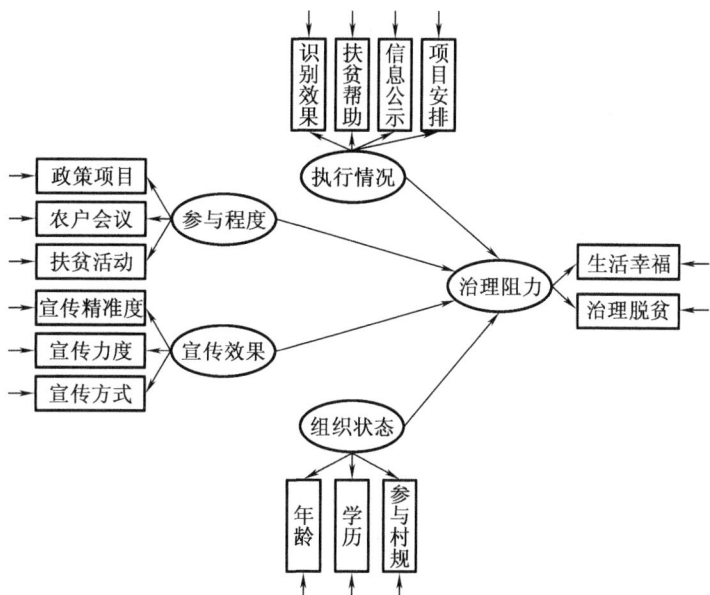

图 3 – 12 纳入可观测变量的结构方程模型图

表 3 – 15 对参与程度和宣传效果的测量

	一、参与程度	1 代表"几乎不参加",5 代表"全部参加"
1	对政策项目的了解程度	5 4 3 2 1
2	对村中重要活动的参与程度	5 4 3 2 1
3	对扶贫活动的参与程度	5 4 3 2 1
	二、宣传效果	1 代表"很不满意",5 代表"非常满意"
1	对宣传详细情况的评价	5 4 3 2 1
2	对宣传力度的评价	5 4 3 2 1
3	对宣传方式的评价	5 4 3 2 1

3.3.2.2 数据检验

构建结构方程模型的数据是直接调研得到的一手数据,是否能够说明调查结论,需要对数据进行检验,为了达到数据的有效性,查验问卷的可靠性,就要进行信度分析。信度即可靠性,是指使用相同调查问卷对同一个被调查的贫困户重复测量时,得到相同结果的一致性程度。一份有效可靠的调查问卷,对同一事物反复多次测量,其结果应该始终保持不变才可信。因此,一张设计合理的调查问卷应该具有可靠性和稳定性。信度和效度分析是问卷分析的第一步,也是检验该问卷是否合格的标准之一。所以,做问卷调查的时候第一步就要进行信度和效度的分析,才能确保我们的问卷有意义。

目前最常用的是 Alpha 信度系数,一般情况下,主要考虑各项目之间是否具有较高的内在一致性。通常认为,信度系数应该为 0~1,如果量表的信度系数在 0.8 以上,表示内部一致性极好;如果量表的信度系数 0.6~0.8,表示内部一致性较好;如果量表的信度系数在 0.6 以下,表示内部一致性较差。一般认为问卷信度在 0.5~0.9 是合理的,如果信度系数低于 0.5,则此问卷的调查结果就不可信了。通过 SPSS17.0 的可靠性分析显示,整体问卷的 Cronbach's α 系数为 0.754,接近 0.8,表示内部一致性较好,有可信的信度,见表 3 - 16。

表 3 - 16 治理阻力数据信度检验

可靠性统计量		
类别	Cronbach's α	项数
整体问卷	0.754	15
村民问卷	0.823	10
村干部问卷	0.541	3
村民评价	0.768	2

效度是衡量调查问卷准确反映贫困户评价目的并测出农村基层组织治理阻力正确性的程度。效度越高,即表示测量结果越能显示所要测量的特征。采用 Kaiser-Meyer-Olkin(KMO)和 Bartlett 球形度检验两种效度检验方法,用来判定本调查测量变量的正确测量程度。KMO 值大于 0.7,sig. 小于 0.05,说明问卷的结构效度良好。由 SPSS17.0 的效度检验结果可知,KMO 的度量值为 0.798,说明本调查所选测量变量的正确测量程度较高。Bartlett 球形检验的近似卡方值为 1 313.860,检验概率 sig. 为 0.000,说明相关系数矩阵之间具有显著性差异,数据可以继续用作结构方程模型分析,见表 3 - 17。

表3-17　对治理阻力数据进行 KMO 和 Bartlett 检验

取样足够度的 Kaiser - Meyer - Olkin	度量	0.798
Bartlett 球形度检验	近似卡方	1 313.860
	df	105
	sig.	0.000

3.3.2.3　模型拟合

1.结构方程模型拟合

通过将分析结果与 AMOS 软件输出的其他拟合值进行整合。从表3-18可见,在农村基层组织治理阻力测度模型中,规范卡方值为1.955,适配度理想;绝对适配度指数 GFI 值为 0.930 > 0.90,AGFI 值为 0.897,适配度理想;残差均方和平方根 RMR 值为 0.054,适配度尚可;RMSEA 值为 0.057 < 0.08,说明模型适配理想;NFI 值为 0.880、RFI 值为 0.847,适配度尚可;增值适配度指数 TLI(NNFI)值为 0.919、CFI 值为 0.937、IFI 值为 0.938,均大于适配标准值 0.90,适配度理想;简约适配度指数 PGFI 为 0.635 > 0.50,PNFI 为 0.688 > 0.50,PCFI 值为 0.731 > 0.50,适配度理想。从总体上来看,绝对适配指数、相对适配指数和简约适配指数已达到标准值要求,模型拟合结果较为理想。

表3-18　治理阻力模型拟合指数

分类	拟合统计值	适配的标准或临界值	拟合指数值	拟合评价
绝对拟合效果指标	卡方自由度比	<2.0	1.955	理想
	GFI 值	>0.90 以上	0.930	理想
	AGFI 值	>0.90 以上	0.897	理想
	RMR 值	<0.05	0.054	尚可
	RMSEA 值	<0.08	0.057	理想
相对拟合效果指标	NFI 值	>0.90 以上	0.880	尚可
	CFI 值	>0.90 以上	0.937	理想
	IFI 值	>0.90 以上	0.938	理想
	RFI 值	>0.90 以上	0.847	尚可
	TLI(NNFI)值	>0.90 以上	0.919	理想

表 3-18(续)

分类	拟合统计值	适配的标准或临界值	拟合指数值	拟合评价
简约指标	PNFI 值	>0.50 以上	0.688	理想
	PCFI 值	>0.50 以上	0.731	理想
	PGFI 值	>0.50 以上	0.635	理想

2. 测量方程模型拟合

运用 AMOS 软件进行分析,参数估计方法采用极大似然法对估计结果进行对比分析,分析结果如图 3-13 所示。执行情况对治理阻力的影响是 1.12,组织状态对治理阻力的影响是 0.15,参与程度对治理阻力的影响是 -0.60,宣传效果对治理阻力的影响是 -0.64。在农村基层组织的治理过程中执行情况是对组织治理影响最显著的因素。通过"执行情况"外生潜变量测量模型、"参与程度"外生潜变量测量模型、"宣传效果"外生潜变量测量模型、"组织状态"外生潜变量测量模型,项目安排对执行情况的影响是 0.49,农户会议对参与程度的影响是 0.75,宣传力度对宣传效果的影响是 0.70,学历对组织状态的影响是 1.52。可以得到信息公示情况的效果决定执行情况,村民对村中重要会议参与情况决定参与的程度,农村基层组织对扶贫政策的宣传力度决定宣传效果,基层组织领导受教育程度直接影响组织治理能力的程度。

3.3.2.4 模型评估

1. 路径系数与原假设拟合评价

通过图 3-13 农村基层组织治理阻力模型输出路径系数的参数估计输出结果,可以清晰地看到四条路径的系数。其中执行情况对治理阻力的路径系数为 1.12,与原假设"H_1:执行情况对治理阻力有负面直接路径影响关系"相符合,说明如果执行情况好转有利于治理阻力的减小;参与程度对治理阻力的路径系数为 -0.60,与原假设"H_2:参与程度对治理阻力有负面直接路径影响关系"不相符,反思与回顾调研过程及访谈记录,发现这是因为村民参与到农村基层组织治理过程中,适度参与可以为农村基层组织消除治理阻力提供正向促进作用,但是村民的过度参与就会影响农村基层组织的治理,反而加大治理阻力;宣传效果对治理阻力的路径系数为 -0.64,与原假设"H_3:宣传效果对治理阻力有负面直接路径影响关系"不相符,结合调研与访谈,发现农村基层组织过度宣传需要制度、设备各方面支持,村民对扶贫治理期望过高会影响农村基层组织的治理;组织效果对治理阻力的路径系数为 0.15,与原假设"H_4:组织状态对治理阻力有负面直接路径影响关系"

相符合,说明如果组织状态提高则治理阻力便会减小。

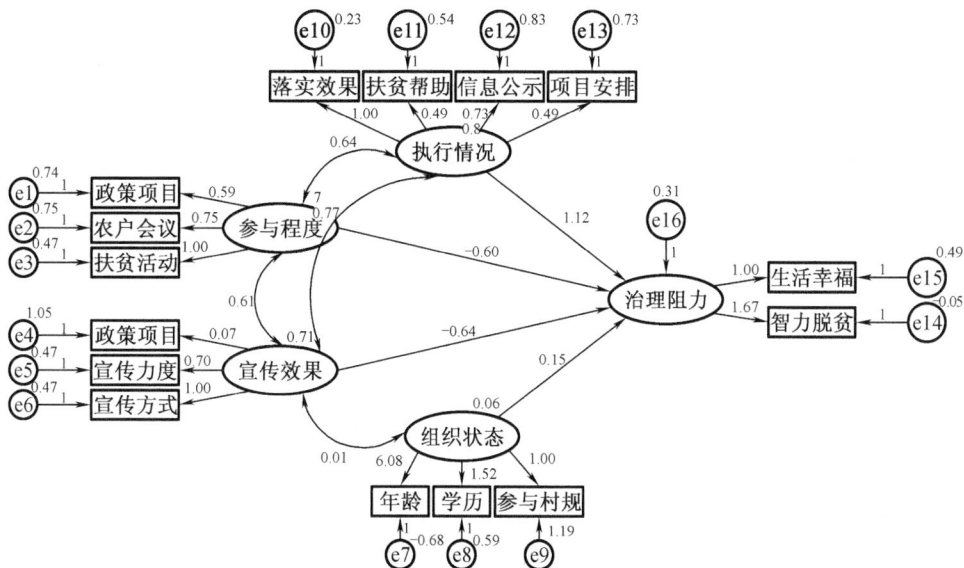

卡方值=160.276(P=0.000);自由度=82;
RMSEA=0.057;AGFI=0.897;CN=214.000;

图 3 – 13 治理阻力模型 SEM 分析

2. 路径系数的显著性评价

模型评估是指通过 $C. R.$ 系数来判断模型假设是否达到统计意义上的显著性,进而对结构方程模型中各假设路径进行验证。标准就是当 $C. R.$ 值大于 1.96 时,对应 $P < 0.05$ 的显著性水平;当 $C. R.$ 值大于 2.58 时,对应 $P < 0.01$ 的显著性水平;当 $C. R.$ 值大于 3.29 时,对应 $P < 0.001$ 的显著性水平。农村基层组织治理阻力各路径的路径系数及显著性水平结果。从表 3 – 19 可以看出,临界比率的绝对值一半大于 1.96,表示估计值达到0.05 的显著水平效果尚可。

表 3 – 19 路径系数及显著性水平

路径关系	估计量	$S. E.$	$C. R.$	P	Label
治理阻力←执行阻力	1.118	1.551	0.721	0.471	Par_11
治理阻力←参与阻力	−0.600	1.076	−0.557	0.557	Par_12

表 3 - 19（续）

路径关系	估计量	S. E.	C. R.	P	Label
治理阻力←宣传阻力	-0.642	1.276	-0.503	0.615	Par_13
治理阻力←组织发展阻力	0.154	0.224	0.687	0.492	Par_14
落实效果←执行阻力	1.000				
扶贫帮助←执行阻力	0.487	0.053	9.173	＊＊＊	Par_1
信息公示←执行阻力	0.728	0.068	10.726	＊＊＊	Par_2
扶贫活动←参与阻力	1.000				
农户会议←参与阻力	0.747	0.087	8.591	＊＊＊	Par_3
项目政策←参与阻力	0.589	0.082	7.157	＊＊＊	Par_4
宣传方式←宣传阻力	1.000				
宣传力度←宣传阻力	0.699	0.060	11.577	＊＊＊	Par_5
宣传精准度←宣传阻力	0.069	0.073	0.945	0.345	Par_6
参与村规←组织发展阻力	1.000				
学历←组织发展阻力	1.523	0.362	4.203	＊＊＊	Par_7
年龄←组织发展阻力	6.081	3.528	1.724	0.085	Par_8
项目安排←执行阻力	0.491	0.061	8.028	＊＊＊	Par_9
生活幸福←治理阻力	1.000				
治理脱贫←治理阻力	1.669	0.902	1.850	0.064	Par_10

（＊＊＊表示通过1%的显著性检验）

表 3 - 20 是标准化回归系数，即路径系数。符号大小与原假设相符，通过检验，达到0.05的显著水平。其中执行情况对治理阻力的标准化路径系数为1.903，与实际调查结果和理论研究较为一致。

表 3 - 20　标准化系数估计结果

	Estimate		Estimate
治理阻力←执行情况	1.903	宣传方式←宣传效果	0.774
治理阻力←组织状态	0.071	宣传力度←宣传效果	0.650
治理阻力←参与程度	-0.785	宣传精准度←宣传效果	0.057
治理阻力←宣传效果	-1.031	参与村规←组织状态	0.216

表3－20(续)

	Estimate		Estimate
落实效果←执行情况	0.881	学历←组织状态	0.431
扶贫帮助←执行情况	0.511	年龄←组织状态	1.210
信息公示←执行情况	0.581	项目安排←执行情况	0.456
扶贫活动←参与程度	0.708	生活幸福←治理阻力	0.601
农户会议←参与程度	0.510	治理脱贫←治理阻力	1.037
项目政策←参与程度	0.425		

表3－21方差估计结果表明1个外生潜变量及误差变量的方差参数估计、5个潜变量及误差变量的方差参数估计大多数达到0.05显著水平,说明模型界定没有问题,数据文件没有错误。

表3－21 方差估计结果

	Estimate	S. E.	C. R.	P	Label
执行情况	0.799	0.088	9.060	＊＊＊	Par_19
参与程度	0.472	0.076	6.232	＊＊＊	Par_20
宣传效果	0.709	0.099	7.195	＊＊＊	Par_21
组织状态	0.058	0.042	1.381	0.167	Par_22
e16	0.314	0.209	1.507	0.132	Par_23
e10	0.230	0.037	6.139	＊＊＊	Par_24
e11	0.536	0.046	11.767	＊＊＊	Par_25
e12	0.833	0.072	11.558	＊＊＊	Par_26
e3	0.469	0.053	8.933	＊＊＊	Par_27
e2	0.751	0.065	11.566	＊＊＊	Par_28
e1	0.745	0.063	11.911	＊＊＊	Par_29
e6	0.475	0.058	8.183	＊＊＊	Par_30
e5	0.473	0.044	10.734	＊＊＊	Par_31
e4	1.050	0.086	12.224	＊＊＊	Par_32
e9	1.186	0.101	11.725	＊＊＊	Par_33

表 3 - 21（续）

	Estimate	S. E.	C. R.	P	Label
e8	0.589	0.083	7.115	* * *	Par_34
e7	-0.679	1.075	-0.631	0.528	Par_35
e13	0.734	0.062	11.888	* * *	Par_36
e15	0.488	0.153	3.196	0.001	Par_37
e14	-0.054	0.401	-0.131	0.896	Par_38

（＊＊＊表示通过1%的显著性检验）

3.3.3 农村基层组织治理阻力结果分析

3.3.3.1 执行情况是影响农村基层组织治理的最重要阻力

通过图 3 - 13 可以看出，在农村基层组织治理阻力的结构方程模型中，4 个路径系数分别为中执行情况的路径系数为 1.12，数值最大，表明在其他条件不变的情况下，农村基层组织的执行情况每提高 1 个单位，农村基层组织的治理阻力就减小 1.12 个单位，即农村基层组织加强对扶贫政策的执行力度会改善农村基层组织的治理情况；组织状态的路径系数为 0.15，说明每提升 1 个单位，农村基层组织的治理阻力就会减小 0.15 个单位，即改变农村基层组织状态也会改善农村基层组织的治理情况。因此可以说明对于农村基层组织的治理影响最大的因素是组织的执行情况。

3.3.3.2 落实效果的影响明显

落实效果、扶贫帮助、项目安排、信息公示对执行情况影响相当，其中落实效果的影响最显著。治理阻力执行情况测量模型的结果显示中，落实效果、扶贫帮助、项目安排、信息公示的载荷系数分别为 1.00，0.49，0.73，0.49，在定义落实效果载荷为 1 的情况下，扶贫帮助、项目安排、信息公示的载荷系数都小于 1，落实效果的载荷最重，所以政策的落实效果对执行情况的影响最显著。可以得出结论：对农村基层组织的执行情况影响最大的维度是农村基层组织对政策和项目落实效果。

3.3.3.3 扶贫活动影响显著

政策项目、农户会议、扶贫活动对参与程度影响相当，其中扶贫活动的影响最显著。治理阻力参与程度的测量模型结果显示，政策项目、农户会议、扶贫活动的载荷系数分别为 0.59，0.75，1.00，在定义扶贫活动载荷为 1 的情况下，政策项目和农户会议的载荷系数都小于 1，扶贫活动的载荷最重，所以对扶贫活动参与程度的影响最显著。可以得出结论:对农村基层组织的参与程度影响最大的维度是贫困户参与扶贫活动的积极性。

3.3.3.4　宣传方式影响显著

宣传精准度、宣传力度、宣传方式对宣传效果的影响相当,其中宣传方式的影响最显著。治理阻力宣传效果的测量模型结果显示,宣传精准度、宣传力度、宣传方式的载荷系数分别为0.07,0.70,1.00,在定义宣传方式载荷为1的情况下,宣传精准度和宣传力度的载荷系数都小于1,宣传方式的载荷最重,所以农村基层组织对扶贫相关信息的宣传方式对宣传效果的影响最显著。可以得出结论:对农村基层组织的宣传效果影响最大的维度是农村基层组织对扶贫相关信息的宣传方式。

3.3.3.5　组织成员的年龄影响显著

农村基层组织中组织成员的年龄、学历、参与村规对组织状态的影响相当,其中组织成员的年龄影响最显著。治理阻力组织状态的测量模型结果显示,年龄、学历、参与村规的载荷系数分别为6.08,1.52,1.00,组织成员的年龄载荷系数最大,所以农村基层组织中成员的年龄对组织状态的影响最显著。可以得出结论:对农村基层组织的组织状态影响最大的维度是农村基层组织中基层工作者的年龄。

3.4　脱贫攻坚与乡村振兴有效衔接的运行逻辑

3.4.1　参与主体的一致性

在倡导构建共建、共治、共享的社会治理共同体中,无论是在脱贫攻坚战役还是在乡村振兴战略中,党和政府、社会群体、人民群众都是不可或缺的重要主体。我国在脱贫攻坚实践中充分调动了政府、市场、社会三种力量,形成了党政主导、行业协同、社会参与、群众主体"四位一体"的大扶贫格局[68]。同样,在实现乡村振兴的进程中,党作为最高决策者,政府作为执行者,将脱贫作为党政工作的重点首要任务,推动各类要素向扶贫领域聚集,为各行各界攻坚克难提供制度保障,充分发挥党的主导性、引领性作用,为乡村振兴战略的实施奠定了坚实的基础。在党和政府的号召下,社会组织充分承担社会责任,如京东集团创新"企业＋合作社＋产业＋农户"的产业扶贫模式,为实现产业振兴提供了良好的范本。脱贫群众与农户分别作为脱贫攻坚和乡村振兴的重要主体有着较大的重叠性,脱贫攻坚战中,贫困群众的发展意愿在基层政府精准施策、因地制宜中得到充分激发,这为乡村振兴战略的实施提供了动力基础。

3.4.2 发展内容的融合性

脱贫攻坚与乡村振兴都着眼于"三农"问题,在产业发展、生态建设、民生保障、文化教育、基层治理、组织建设等方面具有高度融合性。一方面,产业兴旺是产业扶贫的升级版,而生态宜居则是生态扶贫的优化提升。其中,发展特色优势产业是产业扶贫的重要手段,也是产业兴旺的必然选择;有效改善生态环境不仅是脱贫攻坚生态扶贫的重要途径,也是乡村振兴生态宜居的重要内容。因此,脱贫攻坚与乡村振兴战略实施都十分注重产业发展、生态建设,并针对如何促进产业发展、改善生态环境等问题做出了相应的规划与制度安排、高度协调部署、因地制宜开发利用当地资源,体现出两大战略内容存在阶梯性优化的共融性关系。另一方面,虽然脱贫攻坚取得了全面胜利——历史性的整体消除绝对贫困,但对于已经实现脱贫的地区而言,在未来不确定因素的影响下仍然可能出现返贫现象。而乡村振兴为巩固脱贫攻坚成果做出了长期发展规划。如脱贫攻坚战略实施期间,重视教育扶贫、发展农村教育与职业技能培训、鼓励创新创业、发挥农村人力资本;乡村振兴在原有的内容上多层次、宽领域、全方面满足农户的多样化需求,注重产教融合,加大涉农高校与农村合作,不断扩大职业技能教育范围。

3.4.3 发展工具的协调性

脱贫攻坚与乡村振兴有效衔接的发展工具是指规划、政策、机制相互协调运转。首先,就政策规划而言,2018 年所颁布的《国家乡村振兴战略规划(2018—2022 年)》中,对乡村振兴的目标任务分别做出了短期、中期、长期发展规划,其中"短期目标为到 2022 年,初步健全乡村振兴的制度框架和政策体系,脱贫攻坚成果得以巩固",可以发现巩固脱贫攻坚成果是乡村振兴的短期目标,两者之间是短期与长期、紧迫与渐进的关系。其次,就机制而言,无论是脱贫攻坚还是乡村振兴战略实施,都离不开机制给予的保障。在推进脱贫攻坚战略过程中,形成了中央统筹、省负总责、市县抓落实的工作机制[69],为乡村振兴奠定了工作机制基础。实施乡村振兴战略可以吸取与借鉴脱贫攻坚所运用的工作机制,两者相互协调,在原有的机制上加以创新与改进,既有利于乡村振兴战略的发展,又能够通过机制互补巩固脱贫攻坚成果,有效防止发生反脱贫。

3.5 脱贫攻坚与乡村振兴有效衔接的现实路径

"十四五"规划中强调脱贫攻坚与乡村振兴的有效衔接,要求严格落实"摘帽不摘责任、摘帽不摘政策、摘帽不摘帮扶、摘帽不摘监管",建立健全巩固拓展脱贫攻坚成果长效机制,有效巩固提升脱贫攻坚成果,提升脱贫地区整体发展水平,实现乡村全面振兴[70]。当前我国已经消除了区域性整体贫困和绝对贫困,脱贫攻坚战圆满收官,但当前脱贫成果具有不稳定性,相对贫困依旧存在,因此,必须采取有效措施,缓解相对贫困,促进脱贫攻坚与乡村振兴有效衔接、统筹推进,稳步实现城乡一体化发展。

3.5.1 落实主体责任,强化主体衔接

习近平同志强调,推进脱贫攻坚、实现乡村振兴,关键是责任落实到人。在其位、谋其政,实现脱贫攻坚与乡村振兴的有效衔接必须确保各方主体积极承担责任。落实主体责任、强化主体衔接是脱贫攻坚与乡村振兴有效衔接的前提。

3.5.1.1 强化政府领导作用

政府是脱贫攻坚与乡村振兴有效衔接的总指挥、执行者。必须充分发挥政府"领头羊"作用,这就要求政府深入贯彻落实乡村振兴战略指示,巩固脱贫攻坚成果,有效防范致贫、返贫风险。

1. 履行社会主义经济建设职能

经济发展是乡村振兴的基础,是衡量乡村发展水平的重要指标。脱贫攻坚时期的经济水平有一定上升,但发展不平衡、不充分依旧是我国经济发展的主要矛盾。相关政府必须继续加强对农村经济发展的宏观调控,积极提供公共服务,加强基础设施建设,为脱贫攻坚向乡村振兴有效衔接提供必要资金支持与设备支持,为实现农业现代化发展奠定物质经济基础。

2. 履行社会主义文化建设职能

文化发展是乡村的灵魂,是乡村振兴的精神引导。脱贫攻坚向乡村振兴转变时期,必须做好相关文化思想的衔接。文化建设仅靠村民自发开展远远不够,必须加强政府在文化建设中的引导作用,相关政府要切实履行社会主义文化建设职能,积极发展农业科技,提高农户的科学文化素质,促进农户提高脱贫致富能力;丰富农村文化娱乐活动,积极开展类型多样、有益身心的娱乐文化活动,丰富农村文化生活,在解决村民基本温饱问题的基础上,逐步满足人民日益增长的美好生活

需要。

3.履行社会建设职能

当前我国社会保障体系逐步完善,乡村社会保障逐步健全,农村基本实现"两不愁,三保障",但与城市相比,农村社会保障还存在很多漏洞,政府部门应健全农村社会保障体系,确保医疗、教育、就业全方位保障,协同推进,切实提高社会保障水平,对相对贫困农户精准提供扶贫资金,促进相对贫困农户加快脱贫。

3.5.1.2 激活市场引导作用

2019年1月,《国务院办公厅关于深入开展消费扶贫助力打赢脱贫攻坚战的指导意见》强调,要"坚持政府引导、社会参与、市场运作、创新机制,着力激发全社会参与消费扶贫的积极性"[71]。党的十八大以来,市场在脱贫攻坚战中所发挥的作用显著。实现脱贫攻坚向乡村振兴的有效衔接必须发挥市场资源配置的主导性作用。以完善产权制度和要素市场化配置改革为重点,充分实现产权有效激励、要素自由流动,价格反应灵活,竞争公平有序的市场秩序。

3.5.1.3 发挥社会驱动作用

2021年公布的《中华人民共和国乡村振兴促进法》第十一条明确指出,鼓励、支持人民团体、社会组织、企事业单位等社会各方面参与乡村振兴促进相关活动[72]。社会团体是实现乡村振兴的重要帮手,乡村由脱贫攻坚向乡村振兴有效衔接离不开本乡村内政府与农户的努力与创新,更离不开社会组织的介入。社会组织的多样性、灵活性、专业性可以有效弥补政府在发展过程中存在的缺陷。因此,必须充分发挥社会组织的驱动作用。

1.发展社会组织培育机制

截至2020年底,全国共有社会组织约89.4万个、村委会约50.9万个,即使社会组织全部扎根于农村,村均拥有社会组织仅为1.76个,而当前部分社会组织并未深入农村。因此必须加快培育社会组织,在县级层面设立社会组织孵化平台,积极引导社会组织深入农村,扎根农村。

2.健全社会组织参与机制

即使拥有足够数量的社会组织,但是社会组织进入乡村依然困难,在一定程度上阻碍社会组织发挥其作用。因此,首先,要为社会组织参与乡村建设提供良好的政策环境与政策支持,设立专项资金,对于进村组织给予必要的资金保障,将社会组织参与情况纳入乡村振兴战略实施情况指标体系,作为考核的影响因素;其次,加强社会组织的引导,社会组织加入乡村建设必须有相关机制的引导,确保其朝着建设现代化农村努力,积极吸取脱贫攻坚的做法与经验应用于乡村振兴。

3.改善社会组织互动监督机制

乡村振兴是一个复杂的工程,不是某一个社会组织可以独自完成的,因此必须加强组织之间的交流合作。首先,设立社会组织交流互动平台,促进组织间相互合作,取长补短,共同促进乡村振兴发展。其次,设立监督反馈平台,加强对社会组织的监督,同时方便农民提供意见反馈,及时整改不足之处。

3.5.1.4 激发农民主体作用

党的十九大强调:"农业农村农民问题是关系国计民生的根本性问题,必须始终把解决好'三农'问题作为全党工作重中之重。"脱贫攻坚解决的是农民问题,供给侧改革解决的是农业问题,乡村振兴解决的是农村问题。农民是乡村最广大的群体,是一个乡村的主体,实现脱贫攻坚向乡村振兴的有效衔接必须激发农民主体作用,提高农民主人翁意识,实现以农民为主体的乡村振兴。具体来说包括以下几个方面:

1.深化土地制度改革,切实保障农民权利

实现脱贫攻坚与乡村振兴有效衔接,土地改革是关键。当前农民的主体地位不断受到冲击,而保障农民的基本权利是维护农民主体地位的根本方式。新形势下深化农村改革,主线仍然是处理好农民和土地的关系。因此新形势下实现脱贫攻坚与乡村振兴的有效衔接,还要从土地制度入手,必须深化农村土地制度改革,确保农民在自己的承包地和宅基地上做得了主,保障农户自身权益。

2.传统媒体与新媒体结合,宣传乡村振兴相关思想

实现脱贫攻坚与乡村振兴有效衔接,必须使乡村振兴观念深入人心。如今,乡村振兴战略虽然宣传广泛,但由于农村地区尤其是偏远农村地区的农民受教育程度低,使用互联网频率低,仅仅通过网络对其宣传远远不够,必须使用张贴宣传栏、电视台报道、农村喇叭播报等传统方式配合农村网站宣传、微信公众号推送等新媒体方式,用通俗易懂的语言广泛宣传脱贫攻坚与乡村振兴有效衔接的相关知识,使农民切身感受到乡村振兴战略给自身带来的益处,增强农民主人翁意识。

3.加强外部培训,提高农民相关能力

实现脱贫攻坚与乡村振兴有效衔接,实现农民在乡村振兴中的主体地位,提升能力是前提。乡村振兴仅靠政府扶持不够,只有农民有了振兴的本领才能实现可持续发展,乡村才能达到真正振兴。因此实现脱贫攻坚与乡村振兴有效衔接主要还是要依靠目前留在乡村振兴中的农民,而这些农民大多知识文化水平较低,接受新事物较慢,因此必须引进外部培训力量,提高农民生产、经营和管理等能力作为乡村振兴建设主体应具备的能力,同时引导农民边干边学,在实践中提高自身素质。

3.5.2 协调发展维度,加强内容衔接

脱贫攻坚时期,我国扶贫方式主要包括产业扶贫、生态扶贫、教育扶贫、健康扶贫、组织引领等方式;2015年习近平同志首次提出发展生产脱贫一批、异地搬迁脱贫一批、生态补偿脱贫一批、发展教育脱贫一批、社会保障兜底一批的"五个一批"的脱贫措施;党的十九大提出乡村振兴的总要求是"产业兴旺、生态宜居、乡风文明、治理有效、生活富裕";《国家乡村振兴战略规划(2018—2022年)》提出乡村振兴包括产业、生态、文化、人才和组织五个方面的振兴。每个时期的发展都包含五方面内容,因此,实现脱贫攻坚与乡村振兴的有效衔接必须做好"五个维度"内容的衔接,如图3–14所示。

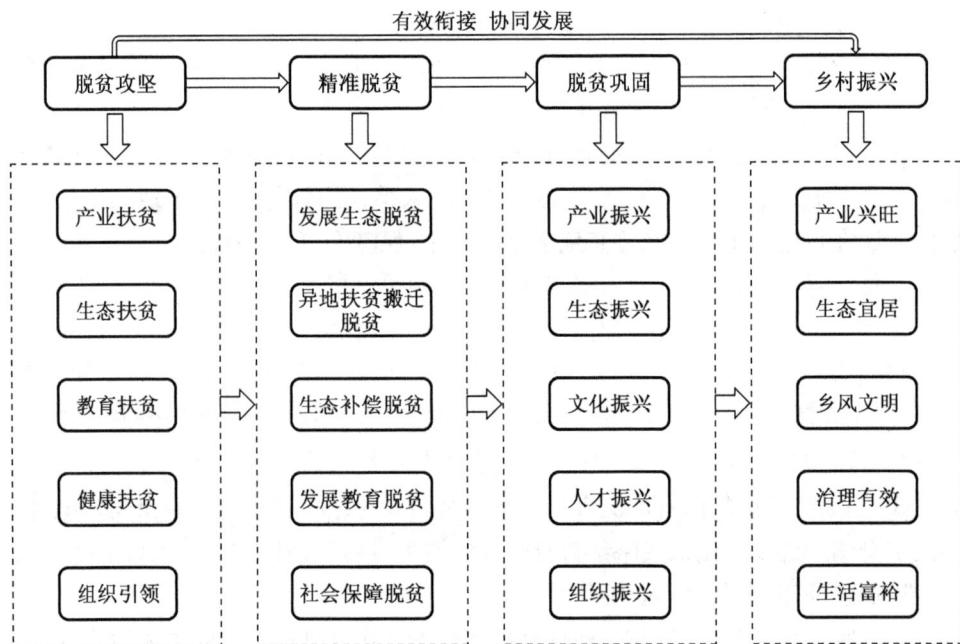

图 3–14　脱贫攻坚与乡村振兴衔接逻辑图

3.5.2.1 推动产业扶贫到产业振兴

产业扶贫是扶贫脱贫工作中的主要手段,也是实现乡村振兴的重要抓手。脱贫攻坚期间,部分农村产业经济得到初步发展,为乡村振兴打下良好基础。脱贫攻坚与乡村振兴的转型时期,必须深化巩固现有产业格局,同时因地制宜把产业做大做强。

1.因地制宜发展特色产业

特色产业是拉动乡村经济发展、推进乡村振兴的重要抓手。脱贫攻坚期间部分地区充分利用当地特色资源,发展了独具特色的产业,但是由于农村地区自身经济水平低、开放程度差等原因,相关产业未能得到广泛宣传,部分产业只在本区域内发展消费,吸引外部消费者、投资者较少。因此,必须进一步加大投入特色产业宣传力度,充分利用电视台、互联网、明星主播代言等方式传播乡村特色产业,拓展外部市场,真正让乡村产业走出去、活起来。

2.调整专项资金使用范围

专项资金支持是乡村产业发展的基础条件。脱贫攻坚时期为实现精准脱贫,相关资金投入大部分用于特定区域特定产业,并没有惠及全民。为实现乡村振兴,必须扩大专项资金使用范围,将专项资金综合运用到各区域各类型产业发展,创造普惠、共享、公平的产业发展环境。同时,健全资金使用登记监督机制,将每项资金的来源及用途清晰记录并公开公示,确保每项资金用到实处,资金来源去向可查。

3.5.2.2 推动生态扶贫到生态振兴

脱贫攻坚阶段的主要发力方向还是发展乡村经济,对于生态环境的改善主要还是以宅基地规划、改善住房环境为主,脱贫攻坚阶段我国农村生态环境得到一定改善,但是要想实现生态振兴还需要加强生态环境改善力度、扩大整治范围。

1.循序渐进实行农村垃圾分类

实行垃圾分类是必然趋势,也是保护农村环境的必要手段。当前部分城市地区已实施严格的垃圾分类制度,但大部分城市地区仍没有实行垃圾分类,农村地区更是鲜有规定。由于农村地区缺乏相应管制以及垃圾分类的基础设施,垃圾分类政策实施存在一定的困难。因此,在推进农村地区垃圾分类过程中,必须循序渐进,宣传引导与管制双管齐下,一方面积极宣传垃圾分类政策知识,同时发挥模范带头作用,使垃圾分类观念深入人心。另一方面,适当施加垃圾分类管制。无论引导还是管制,都要循序渐进,不能激进,避免引发村民的反感。

2.改善农村环境基础设施建设

农村环境基础设施是改善乡村环境的基础条件。脱贫攻坚时期对于乡村环境基础设施建设力度弱、范围较小,要加大包括垃圾处理基础设施、环境美化基础设施等设施建设,改善土壤与污水治理,同时有效改善农村居住环境,提高住房标准,促进农村厕所改造和升级等。同时,农村基础设施建设要因地制宜,保留农村特色,不能将农村建设与城市建设同等对待,振兴的乡村不等于城市,要建设必要且符合农村居住环境的基础设施。

3.加强生态环境修复力度

生态改善不只在于建设,更在于保护与恢复。对于生态遭到破坏的地区,应采取生态补偿、退耕还林等方式进行生态修复;对于生态环境脆弱地区,采取异地搬迁、有序退出等方式减弱生态破坏力度。

3.5.2.3 推动文化保护到文化振兴

乡村文化是农民的精神源泉,是乡风民风的重要体现,是实现乡村振兴的灵魂与价值指引。文化有现代文化和传统文化之分,随着时代的发展,文化形式日益多样,现代文化逐步取代传统文化成为主流,保护传统文化急需提上日程。

1.加强传统文化传承保护

传统乡村文化重在保护,只有保护好根基才能进一步传承。要完善非物质文化遗产保护法,及时了解散落在民间的传统村落、古祠堂、曲艺、手工艺以及农业生产技艺等具体情况,梳理文化资源,制定系统性的规划和保护性的措施,加强对乡村非物质文化遗产的保护。同时鼓励本地村民积极学习、有效传承传统文化,做自己家乡的代言人。

2.发扬乡村文化

文化的传承不仅靠本地村民的传播,还要将乡村文化宣传出去,让更多的人了解关注。利用微博、微信、抖音等媒体大力宣传本土传统文化特色,弘扬先进文化。同时引入市场机制,使市场成为推动乡村文化建设的重要力量,推动本土文化走出村落,走向世界。

3.引进先进文化

实现脱贫攻坚向乡村振兴衔接,必须推动文化保护转向文化振兴,乡村文化振兴仅仅依靠本土文化宣传远远不够,必须引进外来先进文化,通过邀请外部文艺汇演、专家入村办讲座等方式,丰富乡村文化生活。

3.5.2.4 推动教育扶贫到人才振兴

人才储备是乡村发展的核心力量,也是乡村能长期发展的内生动力。做好脱贫攻坚与乡村振兴的有效衔接必须要做好乡村人才衔接。脱贫攻坚时期,强调大力发展教育,实施教育扶贫政策,但是由于我国长时间的城乡二元体制,乡村人才不断外流,农村人才发展面临瓶颈,必须进一步强化人才培养与引进。

1.加大培育力度

人才发展重在培育。脱贫攻坚时期对于人才培育的力度较小,在农村原有人才培育策略基础上,继续加大资金、人力投入力度,更新培育方式,引进培训设备,扩大培育范围,加大培训力度,切实提高培养人才水平。

2. 完善引进人才政策

乡村地区缺乏完善的人才引进政策与人才发展基地,导致村内人才留不住,外部人才引不进。当前,大部分城市地区拥有完备的人才引进政策,对应届毕业生、高知识分子进城工作给予奖励与生活住房补贴。农村地区应借鉴城市地区引进人才经验,建立健全人才引进机制,同时增加乡村内就业机会,搭建创业环境和平台,给予相应奖励及保障政策,吸引外部人才以及本村外出人才回流。

3.5.2.5 推动短期治理到治理长效

脱贫攻坚相对于乡村振兴战略的治理具有短期性和局限性的特点,要用乡村振兴的长期治理目标接替脱贫攻坚的短期治理目标,实现脱贫攻坚成果巩固发展。

1. 干部队伍的衔接

干部队伍是乡村发展的引领者,是乡村工作的模范带头人。过渡时期,在保持原有干部队伍的基础上,进一步加快培育干部小组成员,使组内培训与实践培训相结合,不断为组织输入新鲜血液,确保脱贫工作有效衔接,队伍平稳过渡。

2. 考核机制的衔接

部分地区在脱贫攻坚时期围绕国家层面的"两不愁,三保障"目标建立了比较全面的考核评价机制,在过渡时期需要进一步完善组织队伍考核评价机制,围绕乡村振兴五大目标重新制定考核指标,采取考核结果与薪酬福利、职务晋升、教育培训和评优评先相结合的方式,进一步加大考核奖惩力度。

3.5.3 优化顶层设计,落实工具衔接

3.5.3.1 明确发展规划,做好规划衔接

从脱贫攻坚到乡村振兴,必须坚持规划先行。做好规划衔接,关键是以县域为空间进行统一规划,坚持城乡融合发展,破除体制机制弊端,解决好城乡发展不平衡、农业农村发展不充分的问题。各地应因地制宜做好发展规划衔接。分级分部门制定发展规划,在国家发展总规划的指引下,因地制宜制定适合本区域发展的相关规划,做到长期规划与短期规划,整体规划与部分规划相结合。

3.5.3.2 完善相关政策,做好政策衔接

政策是政府和人民从事一切活动的行为准则,巩固脱贫成果、实现乡村振兴离不开政策的引导。当前我国处于两大战略转折期,相关政策必须做出适宜调整,既不能故步自封,不求改变,也不能冒险激进,脱离现实。党的十八大以来,中央有关部门围绕脱贫攻坚,先后出台了200多个政策文件和实施方案。《中共中央国务院关于实现巩固拓展脱贫攻坚成果同乡村振兴有效衔接的意见》在保持主要政策总体稳定的基础上,对一些重大政策的调整优化提出了方向性、原则性要求。各地区

各部门应实事求是,根据自身实际发展情况适当探索政策创新[73]。

3.5.3.3 改良运行机制,做好机制衔接

贫困地区要顺利实现从脱贫攻坚到乡村振兴的转换,必须从根本上化解扶贫短期化偏向,构建可持续长效发展机制。

1. 将"精准式帮扶"与"共享式发展"机制有机结合

脱贫攻坚阶段为消除绝对贫困,大多采用精准式帮扶策略,脱贫攻坚向乡村振兴转变期精准帮扶无法促进现存乡村全面发展,必须适度扩大帮扶范围与类型,加强村与村之间交流合作,创建共建共享的发展机制,促进不同乡村协同发展。

2. 探索绿色发展机制

绿色发展是乡村振兴的必然选择,是乡村永续发展的必要条件。要坚定不移地坚持习近平同志生态文明发展理念,坚持金山银山就是绿水青山的发展思想,在发展过程中坚持绿色发展、可持续发展。探索绿色循环农业发展方式,减少秸秆焚烧,鼓励秸秆还田。对重污染加工厂进行整顿,引进污染物讲解设备,减少重工业发展产生的污染物,同时,强调谁污染谁治理,强化工厂责任意识,加大环境保护的奖惩力度,鼓励绿色产业发展。

3. 打破城乡二元体制

我国脱贫攻坚的一个重要成果就是充分运用了"以城带乡"和全社会参与的力量,一方面,城市吸纳乡村劳动力,为农村人口提供了充足的就业机会;另一方面,城市为农村地区提供必要的物资、技术、人才等发展的必要因素。但是长久以来,城乡二元体制带来的阻碍内需增长、资源逆向配置、农民工难以市民化等弊端一直得不到有效解决,因此,实现脱贫攻坚与乡村振兴的有效衔接必须打破城乡二元体制,实现在城乡共同发展基础上的乡村振兴(图3-15)。

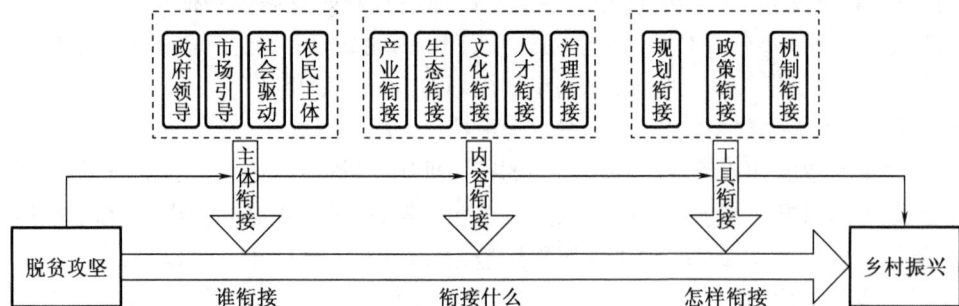

图3-15 脱贫攻坚与乡村振兴有效衔接路径示意图

3.6 本 章 小 结

随着乡村建设与乡村治理工作的执行,乡村产业、生态、文化、人才等方面发展日益壮大,在脱贫攻坚与乡村振兴有效衔接过程中效果明显。本章结合乡村发展瓶颈问题,以宅基地改革、农村基层组织治理为例,论证分析乡村发展的动力与阻力因素,明确脱贫攻坚与乡村振兴有效衔接的运行逻辑与现实路径,以此完善乡村发展建设助推乡村振兴战略的实施。

第4章 乡村振兴

4.1 乡村振兴的科学内涵

4.1.1 乡村振兴战略规划

党的十九大会议提到乡村振兴战略。在党的十九大报告中,习总书记明确提出"乡村振兴战略",并且指出"三农"问题关乎国计民生,是带动乡村发展的根本,必须始终把解决好"三农"问题作为全部工作的重中之重。2018 年 2 月 4 日,国务院公布《中共中央国务院关于实施乡村振兴战略的意见》指出实施乡村振兴战略是党的十九大做出的重大决策部署,是全面建成小康社会、全面建设社会主义现代化国家的重大历史任务,是解决"三农"问题的主要抓手[74]。

2018 年 9 月,中共中央、国务院印发了《国家乡村振兴战略规划(2018—2022年)》,该规划按照产业兴旺、生态宜居、乡风文明、治理有效、生活富裕的总要求,对实施乡村振兴战略做出了阶段性路线图,规划提出,到 2020 年,乡村振兴的制度框架和政策体系基本形成,各地区、各部门乡村振兴的战略路线图得以确立,全面建成小康社会的目标如期实现。到 2022 年,乡村振兴的制度框架和政策体系初步健全。到 2035 年,乡村振兴取得决定性进展,农业农村现代化基本实现。到 2050年,乡村全面振兴,农业强、农村美、农民富全面实现[75]。党的十九届五中全会审议通过了《中共中央关于制定国民经济和社会发展第十四个五年规划和二〇三五年远景目标的建议》,对全面推进乡村振兴做出了具体部署。乡村振兴战略不断推进,为美丽乡村、美丽中国建设奠定了坚实基础,也为农村经济发展和解决"三农"问题提供了历史机遇。

4.1.2 乡村振兴五大维度

乡村振兴是包括产业振兴、人才振兴、文化振兴、生态振兴、组织振兴的全面振兴,五大维度必须统筹兼顾、科学推进。

4.1.2.1 产业振兴——乡村振兴的物质基础

经济基础决定上层建筑,产业是实现乡村振兴的物质基础,而乡村振兴是一项复杂而又紧密的长期性工程,它的重点又在于产业兴旺。当前,在对脱贫攻坚成果的继续保持的基础接续实行乡村振兴战略,需要产业发展速度、发展质量的进一步提升。只有发展产业才能带动农村经济发展,吸引人才和吸收资源,缓解农民就业压力,从而实现共同富裕。产业振兴重点在于农业现代化。习总书记不断强调:"实施乡村振兴战略,要把发展现代农业作为实施乡村振兴战略的重中之重,把生活富裕作为实施乡村振兴战略的中心任务,扎扎实实把乡村振兴战略实施好"[76]。

从当前农村产业发展形势看,尤其是从农业与农业相关产业发展现状看,乡村产业发展已整体进入由"基础农产品生产和供给主导,向既重视基础农产品生产和供给,又重视农业农村多功能性产业化和乡村价值深度开发"转化的新阶段[77]。因此乡村地区产业发展必须遵循客观规律,不能一蹴而就。如若急于求成,势必产生只讲求发展规模而忽略产业发展质量及未来发展动力等问题。只有遵循经济发展的客观规律,才能保证乡村产业持续健康有序发展。

4.1.2.2 人才振兴——乡村振兴的关键因素

乡村人才振兴旨在培养一批了解农业、热爱农村、服务为民,与新时代要求相匹配,具有榜样带动作用的高质量并且愿意下乡的人才梯队,构建人才活力激发新格局。

人是乡村的主体,是乡村振兴的主要生产力。而高质量人才是乡村振兴的关键因素,2018年中央1号文件指出,"实施乡村振兴战略,必须破解人才瓶颈制约"[78],文件重点强调了人才资源是乡村振兴战略的核心力量。

贴合乡村建设实际的人才是完美达到乡村振兴战略提出的五个要求中承担着关键作用的群体。只有拥有高质量人才,产业振兴才有推动者、文化振兴才有引领者、生态振兴才有倡导者、组织振兴才有建设者。因此从乡村现代化发展需求的角度研究,精准识别、分类推进乡村人才建设,让人才激发农村内生发展动力,对于推进乡村现代化发展,早日实现农民满意的社会主义新型乡村具有重要意义。

4.1.2.3 文化振兴——乡村振兴的精神基础

乡村文化振兴,就是要坚持精神文明与物质文明建设双轮驱动,促进农村文化全面繁荣发展。

中国特色社会主义建设已进入新时代,人们对美好生活的标准逐渐升高,实现美好生活不仅要有物质保障,还必须包括精神文化保障,而文化振兴可以帮助人民群众从更多元角度实现对美好生活向往的需求。党的十八大以来,习总书记反复强调,"乡风文明,是乡村振兴的紧迫任务,我们要深入挖掘、继承、创新优秀传统乡土文化。"这要求我们必须深层次挖掘符合各地乡村风情的文化发展模式,除此之外还要积极创新利用文化产业增收的渠道,让已流传千百年的乡土文化习俗代代相传下去。

注重乡村文化建设可以为实现乡村产业振兴创造的科学的商业发展氛围,为人才振兴提供优良的人文环境,有利于自治、法治、德治结合,推进生态文明建设,同时也是组织能长久发展的重要推动力,因此必须把文化作为对乡村振兴的重要影响因素纳入规划体系之中,以文化振兴促进乡风文明建设。

4.1.2.4 生态振兴——乡村振兴的重要支撑

党的十八大以来,习近平同志关于推进生态文明建设提出了许多新理念和新战略,为新时代生态文明建设提供了根本遵循和行动指南。习近平同志在党的十九大报告中指出,坚持人与自然和谐共生,必须树立和践行绿水青山就是金山银山的理念,坚持节约资源和保护环境的基本国策。生态振兴是乡村振兴的重要支撑。符合标准的生态环境是农村经济发展的最大优越性和宝贵的自然财富。要坚持人与自然和谐共生,走绿色发展道路,使良好的生态成为乡村振兴的重要支撑。

经济发展与环境保护一直以来都是国家发展过程中必须平衡的矛盾,乡村发展也不例外。乡村有其独特的自然环境特色,良好的生态环境是乡村最大的财富,乡村地区宜人的环境近年来也成为吸引城市居民向往乡村生活的重要因素。乡村环境状况关系着全面建成小康社会效果、广大农民根本福祉和农村社会文明和谐。良好的生态环境可以促进产业绿色发展,推进产业结构转型升级,吸引更多的外地人才进乡,以优美环境带动乡村其他领域共同发展,实现农业农村现代化。

4.1.2.5 组织振兴——乡村振兴的政治保障

组织振兴是乡村振兴的政治保障,旨在培养造就一批优秀的农村基层党组织,构建更加有效、充满活力的乡村治理创新机制。

农村富不富,关键看支部;支部强不强,关键看"头羊"。习总书记明确指出:"要推动乡村组织振兴,打造千千万万个坚强的农村基层党组织,培养千千万万名优秀的农村基层党组织书记。"[79]因此,乡村组织振兴最重要的是农村基层党组织建设状况。农村基层党组织是党在农村的工作阵地,是党与广大农民群众的桥梁和纽带,是进行乡村建设工作的"领头羊",农村基层组织的协调能力、基层党组织书记的带头领导能力,对乡村振兴战略实施效果起到直接作用。因此必须强化农村基层党组织的带头领导作用,深入推进农村党组织建设与乡村振兴深度融合,为实现乡村振兴提供坚强的组织保证。

4.2 基层治理稳健衔接乡村振兴

乡村是国家基层政权最末端和最基本的治理单元,基层治理是国家治理体系和治理能力的重要组成部分,基层治理的有效性是国家现代化治理质量的重要衡量标准,是国家有效治理的基石。没有基层的有效治理,很难达到中央农村会议提出的提高大众对农业的接受程度,加强农民的幸福感,最大限度地提升农村的宜居程度的目标。党的十九大报告提出,乡村振兴战略提出"产业兴旺、生态宜居、乡风文明、治理有效、生活富裕"的总要求。可见,作为乡村振兴战略的重要基础和坚实后盾,"治理有效"的达成对实现乡村振兴具有重要意义。

4.2.1 为产业振兴营造良好的市场秩序

习近平同志曾说过:"农民小康不小康,关键看收入。"[80] 没有农业的现代化,就不可能有国家的现代化。发展现代农业,是实现农民增收、促进农村发展的根本之道。在中国特色社会主义的背景下,从小农户制到农业现代化如何发展,如何用占世界7%的耕地供养中国14亿人口,是中国现代农业进一步成长需要面临的沉重现实。与其他步入农业现代化的国家相比,我国面临地多人少、不同地区地理与气候环境差异大、市场需求大的情况。在这样的现实情况下,乡村产业的发展更要因地制宜,突出特色,发展完善的产业链,以此增强本村的核心竞争力。

有效的基层治理能够创建以政府和基层党组织为中心,以当地农民为主体,以农民的切实需要为出发点和落脚点的产业振兴模式。这样的模式能够帮助农民在政府的统筹和专业人士的建议下依照短期和长期的市场需求决定产业的重点发展方向,以农业种养殖为基础,进行农产品加工和手工制造,配套发展村民个体和村集体的小型商业贸易,建立物流系统输送商品,发展相对完备的产业链,有效融合第一、二、三产业。有效的基层治理也能帮助建立并完善良性、有活力的市场秩序,营造完备的市场准入环境、竞争环境和消费环境,深化市场监管的改革,细化法治保障,完善公平竞争审查制度,规范竞争行为,为政府、企业与农民三者之间的交易设定基础规则和冲突解决机制,在出现矛盾时进行调解和仲裁,精简申诉处理流程的同时保证效率,确保农民与企业之间的交易秩序,尽最大努力释放我国乡村产业的无限潜能,促进产业振兴高效运行、稳步发展。初步形成以当地特色优势为中心的大规模融合产业发展体系,提升产业质量,稳定产品市场,完成产业振兴。

4.2.2 为人才振兴搭建广阔的参与平台

人才已经成为各领域开展工作、提高效率、实现收益的"新能源"。乡村人力资源不断地在城乡之间流转,无法完全被城市接纳,也不能全身心投入乡村振兴建设中。有效的基层治理可以打造让各类人才充分发挥其能力的平台,辅助建立和健全基层人才信息数据库,提供良好的工作环境和风气、优惠政策和补贴,从而吸引专业水平高的人才,开展长期科研合作和科技服务,引导激励各类人才扎根底层,帮助培养本土优秀人才。在尊重知识、尊重人才的氛围中,创造发挥才能的条件和机会,更能鼓励和吸引优秀的人才——尤其是离开基层学习先进知识的原生型人才,将其报效家乡的意愿充分发掘,将他们纳入乡村振兴的队伍中,打造一支懂农业、爱农村、爱农民的"三农"工作队伍[81],为基层带来先进的管理技术和治理方式。帮助政府与村集体优化引进机制,结合基层发展前景和乡村振兴需求,对重点需要的人才类型特别关注,持续简化引进流程,实行更加开放的引进政策,努力构建由政府主导、以用人单位实际需求为主体的引进模式,推动人才振兴。

在工业化、城镇化过程中,农业劳动力的转移会对乡村的发展和社会的稳定造成巨大的影响。不能忽视在劳动力转移中被遗留在基层的老年人生存问题。四川农村的摘椒人每摘一斤藤椒,挣得一元五角钱,这样琐碎、收入低、在青壮年中认可度不高的工作大多被劳动价值低的老年人包揽。建设人才平台不能忽视年迈者的需求,他们对土地、农作物和当地气候的了解是宝贵的财富,他们也对经济状况改善有迫切的需求。有效的基层治理依托基层的农业技术推广平台,联合基层技术干部和专业人才,通过网格化管理,带动尽量多的农村居民学技术,为基层输送掌握先进农业知识、融会贯通农业技术、可以自主学习的职业农民。有效的基层治理致力于培养本土人才,确保稳定的劳动力供应农业生产,向有需要的农民提供专业的生产服务和合适的技术设备;鼓励更多农民成为经营决策者和市场及自然风险的承担者,对农民进行培训,在负责依照气候和环境进行农产品的种植与收获之外,参与到下游的生产与销售的过程中,增加收益、获得劳动报酬,以及经营决策的回报和风险收入,使其劳动所得远高于外出打工的收入。以此吸引民众建设发展家乡,充分发挥农民的潜能和创造力,让他们主动加入乡村振兴这项事业中。有效的基层治理探索构建政府主导,社会资本、村集体、村民共同参与的投入机制。基层治理制定的激励性政策有利于激发农民的内生动力和主观能动性,给农民提供发挥能力、展示自己的平台。农民是基层治理的主体、乡村振兴的支柱,要深入挖掘农民的潜力,由政府提供初始资金支持,专家传授科学有效的种植方法,在多方的共同努力下,培养擅长多种方面的"职业农民",实现人才振兴。

4.2.3　为文化振兴提供良好的社会秩序

乡村振兴战略中提出,要"健全自治、法治、德治相结合的乡村治理体系[82]",这为在建设中国现代社会主义的背景下健全的基层治理理论体系提供了目标和方向。更强调了发展文化的重要性,文化是一个国家、一个民族的灵魂,文化强则民族强。"没有高度的文化自信,没有文化的繁荣兴盛,就没有中华民族伟大复兴。[83]"文化可以反映人类出有史以来在这片土地上其对世界的认识和生活态度。随着时代的变迁,传统文化受到了现代社会发展的巨大冲击,基层治理的方式无疑在社会变革、文化去芜存菁的过程中施加了非常大的影响。

有效的基层治理为文化振兴提供毫无后顾之忧的发展基础,政府以及基层党组织提供宣传优秀传统文化的政策和资金支持,专业人士负责编撰宣传内容,将优秀传统文化转化为易于宣传和接受的形式进行传播,除文字外,在受众多、传播范围广的抖音、快手等社交软件持续更新;构建有当地特色的文创产品,借鉴成功乡村的经验,比如云南大理双廊伙山村,白族老人通过学习艺术画和泥塑、陶瓷,把普通的日常乡村生活留在画布上,让生活融入艺术,彻底改变了他们原本依靠低保维持的生活。艺术品以不菲的价格远销各地的同时,他们还成功在北京、成都、珠海举办了画展,为14岁时不顾危险为共产党传递情报的老奶奶圆梦。进行民俗风情、手工品、饮食文化、服饰文化等创意开发的尝试,不只能创造经济效益,还可以在对文化的开发中树立起能让村民团结在一起的图腾式的精神力量。

随着城市化的发展和人口的迁移,许多村民想要将自己的生活方式向现代化、城市化的方向转变,这就导致了原有的乡村文化受到了巨大的冲击,而脱胎于传统文化并能适应现代乡村居民生活方式的文化体系还在建立中。有效的基层治理能够帮助农民改善处于这样的文化断层中的精神状态,发展脱胎于旧文化的现代乡村文化体系,使农民重获文化自信,完成文化振兴。乡村传统文化产生于乡村本身,村民公民意识的塑造和凝聚力的增强也能反哺于优秀的乡村文化的发展。有效的基层治理能让农民遵守法律法规并以更高的标准约束、管理、反思自己的行为,使他们自愿成为乡村公序良俗的推动者和捍卫者。特别是通过对自治、法治与德治一同推进的鼓励,有效的基层治理可以推动乡村形成优秀的道德风气,维护农民的合法权益,更有助于社会风险的防范和化解乡村居民之间的矛盾。

4.2.4 为生态振兴提供有力的政策驱动

与工业、服务业相比,农业更依靠自然环境,全球变暖导致的极端天气会给地方农业带来致命性的打击,改善生态环境对于农业发展具有决定性作用。与人们认知中的山清水秀、世外桃源一般的乡村图景不同,近年来农村污染问题日益严重,农村成为环境污染的重灾区。家庭生活污水大多直接排放,造成流经村庄的小河污染严重;生活垃圾遍地,缺少降解处理和分类回收,耕地污染愈加严重;随意焚烧秸秆和垃圾,导致大气污染。农作物中的农药残留污染的情况更是不容乐观,农户打乱农作物生产规律,为了增产增收使用催熟剂、滥用农药等化学药剂,直到农产品摆放到消费者的餐桌时,化学药品依然残留。人民群众的饮食安全、生命健康的直接威胁的根源就是农产品污染。"真的爱农村,就得让中国保持绿水青山,改变农业旧生产方式。[84]"当前,农村环境整治工作已经受到重点关注,但是治理工作进程仍处于初始阶段,暴露出来的工作弊端较多,例如进展失衡、内生动力缺少活力、长效机制尚未形成、资金投入缺口较大、工作责任有待进一步明确等困难和问题。

有效的基层治理可以广泛集聚各方力量、整合带动各种资源,制定相关政策循序渐进地改变现有的粗放型农业生产模式,发展节水农业,保护并提升耕地质量,促进农业现代化发展。国家开始逐步推动保持水土、退耕退牧还林还草、防沙治沙、草原生态保护补助奖励等环境保护项目,加强环境生态系统保护与建设,同时预防外来物种入侵。目前,我国初步抑制了农业生态恶化,2020 年全国乡村森林覆盖达到 30%,我们仍需持续发力,补齐短板,不断提升质量和水平。有效的基层治理可以不断增加对农村生态环境保护的投入,借鉴其他地区,尤其是与当地自然条件相似的地区的成功手段,建立完善的环保设施运行维护机制和监督管理以及奖励、处罚机制,制定福利政策吸引企业参与开发关于农村环境综合整治及乡村生态振兴的活动,福建明溪、云南百花岭依靠观鸟旅游改善了当地的经济状况,观鸟人群的食宿等消费需求为当地村民提供了更多的岗位,增加了他们的经济来源,改善了他们的生活水平,将环境保护与经济建设结合起来,真正做到了乡村既是"绿水青山"也是"金山银山"。有效的基层治理能够集中整治农村人居环境问题,通过加强对农民的生态环境保护意识的教育和宣传,提高农民的生态意识、环保意识,提高其参与环境保护的积极性,培养农民良好的生活习惯,妥善处理回收生活废水和垃圾,自发督促美丽乡村的建设和发展;因地制宜、因村施策推进农村厕所革命,截至 2020 年底,全国农村卫生厕所普及率达 68% 以上,要在保证质量和后期维护的基础上进一步提高农村厕所普及率;优化农村能源供应结构,就地发展风能、太阳能、地热等清洁能源,改善农村能源结构,减少散煤燃烧,推广清洁取暖,但要注意不能提高农民使用基础设施的成本。在有效的基层治理的作用下,我国已实现化肥农药零增长,在保持该成果的基础上,应进一步推动农业绿色发展,科学使用畜禽粪污,实现化肥农药减量增效,发展绿色农业,改善并保持生态环境,促进生态振兴。

4.2.5 为组织振兴培养积极的参与主体

强有力的农村基层党组织可以发展壮大集体经济,将各自发展的村庄组织起来,协调各类社会人才,进行有效的基层治理,推动组织振兴。

有效的基层治理可以制定并完善基层干部的选拔、培养、考核评比及权力运行监管机制,明确服务年限和晋升条件,鼓励党员干部为基层建设大胆创新,提升农村基层党组织党员干部干事创业的活力和热情,为建设新时代基层党组织培养积极的参与主体。从选拔培养优秀党员干部开始,高效融合基层治理与农村基层党建工作,把农村基层党组织建设成乡村振兴的第一道和最牢固的阵线。

乡村是具有多种特征的地域综合体,拥有生产、生活、生态、文化等多重功能,我国想要进入社会主义中级阶段的状态在很大程度上取决于基层乡村的发展,在农村深化改革中,让有效的基层治理充分发挥其效用,辅助经济发展、助力乡村振兴,是我国未来发展的必然趋势。依靠不断完善的基层治理体系、不断提高的基层治理能力,与城镇发展互相促进,共同生存,建设人类生存的主要空间,完成中共中央、国务院印发的《国家乡村振兴战略规划(2018—2022年)》,全面振兴乡村,加快农业农村现代化,努力开创"三农"工作新局面,实现第二个百年奋斗目标,把我国建设成社会主义现代化国家。

4.3 宅基地整治协同衔接乡村振兴

4.3.1 宅基地资源有力支撑乡村振兴

乡村振兴是经济、政治、文化、生态和福祉建设,其核心目的是系统构建人口、土地、产业等多种发展要素的耦合格局,实现乡村的全面复兴。党的十九大报告提出要明确实施乡村振兴战略,把握好"产业兴旺、生态宜居、乡风文明、治理有效、生活富裕"二十字方针的科学内涵及内在关系。2017年中央农村工作会议和2018年中央1号文中也提到,要在统筹推进农村经济、政治、文化、社会、生态和党的建设方面做出重要决定和全面部署。2018 年全国"两会"期间，就如何实施好乡村振兴战略这一问题，党中央提出"五个振兴"，指出要从产业振兴、人才振兴、文化振兴、生态振兴、组织振兴五个方面全面推动乡村振兴进程；另外，习近平同志强调，要推动乡村振兴健康有序进行，科学把握各地差异和特点，不搞一刀切，不搞统一模式，不搞层层加码，杜绝"形象工程"。土地是人类赖以生存和发展的源泉，是人类经济活动和社会活动的主要承载体。1999 年，中国实施的《中华人民共和国土地管理法》中明确提出国家要鼓励土地整理的观念，将开发土地资源，十分珍惜、合理利用土地工作提上日程。在乡村振兴战略环节中，土地问题是乡村振兴战略的核心和关键，作为协调人地关系的一种手段，土地整治具有重构城乡空间、保障粮食安全、统筹城乡发展、集约利用资源和改善人居环境等多重功能，与乡村振兴的多重目标相契合。实现土地整治、解决土地问题、提高土地利用率也是促进乡村振兴顺利发展的基础。通过对土地制度的深化改革，达成造福农民，提升农村内生动力，促进城乡互动命运共同体实现的目的。

"房是基础，土地是根"。对于农民来说，土地是他们赖以生存的最根本基础。土地农作物生产收入在农民的收入结构中占据着至关重要的地位。正是由于土地和农业收入的存在，农村劳动力的再生产才能得以顺利、有序和低成本地进行，从而凸显土地的社会稳定功能。农民在土地上建造住宅及其生活附属设施，保证其生活具有稳定性，从而发挥宅基地承载保障功能。

农村宅基地的"三权分置"作为推动乡村振兴发展的第二个制度性轮子，其核心内容是在保证农村宅基地所有权不变的前提下，实现所有权、使用权、资格权的相对分离，落实所有权、放活使用权、保障农民资格权。农民可以通过将宅基地适当放活，积极探索不同宅基地的利用模式，进而达到吸收外来社会投资流入农村、吸引外来人才回乡开发创业、增加农民收入、改善农民生活的目的。只有当人力、资金、社会力量重新集合融入农村社会，乡村振兴才能获得强大动力，焕发农村盛景。然而就目前而言，农村宅基地闲置情况仍然严重，普遍宅基地空闲面积达到10%~15%，部分地区农村重新规划宅基地闲置率甚至超过50%，农村宅基地布局分散混乱、一户多宅、面积超标等现象普遍，严重拖缓乡村振兴进程。因此，重新规划宅基地配置有助于切实保证农民权益、提高土地利用率、响应好乡村振兴战略基本要求。

4.3.2 宅基地整治有效助推乡村振兴

4.3.2.1 宅基地改革的重要价值

举今中外,自古以来,土地都算是一个"香饽饽"。第一次世界大战和第二次世界大战期间,全世界都在为抢占土地而陷入战争恶乱之中,我国古时各国战乱也皆是因争夺土地归属问题而起,如今大热的土地市场、房地产市场经济的繁荣与乱象也都与土地买卖有关。在乡下农村,土地之于农民就像水之于鱼,是农民生存的最基本条件之一。农民与土地已经"默契合作"千百年,他们在土地上耕作,在土地上生活,与土地有难以割舍的情分,所以宅基地的归属问题对乡村的建设发展显得格外重大。我国的宅基地产权制度大致经历了土地农民私有、土地集体公有、土地公私共有三个阶段,每个阶段的土地产权制度或多或少都从正面促进或反面抑制农村的经济发展水平。

1. 产权归农,乡村建设扬帆起航

1949年新中国成立之前,我国农村的土地所有权被封建地主所占有,地主阶级不仅从政治上打压而且从经济上剥削那些无地的贫雇农。此时的农村发展机制混乱,地方官与地主相勾结,农民的基本生存要求可能都得不到完全满足,这也从反面衬托出产权问题在乡村建设中的重要性,产权不仅涉及经济利益,还附带有政治意义和社会意义,要想缩小中国的农村与城市发展之间的差距,就必须改革宅基地产权制度。毛主席深谙此情,早在1928年就带领中国共产党在农村地区进行土改,《井冈山土地法》中规定把过往地主阶级绝对占有的土地和房屋还归于农民。1950年6月,中央人民政府委员会通过了《中华人民共和国土地改革法》,消灭了原来由地主阶层分配和剥削的土地所有制,无偿将土地和房屋分配给原来没地或少地的贫雇农,因此我国乡镇农村的生产力得以充分解放,大幅提高了农民对进行农业生产的积极性。同时农民们拥有了一片属于他们自己的耕地,并且享受到了自主经营和支配的生产剩余,粮食总产量也得到了大幅度的提高,农民收入也上升了一番,乡村的经济建设活力也随之迅速恢复与发展。

2. 产权归公,乡村建设推进受阻

农业接受社会主义的洗礼之后,农村开启合作互助模式,村集体或公社享有农村宅基地的所有权,农户个体经济也由此变为社会主义集体经济。虽然此次改造又使一些无地农民拥有了土地,但是由于小农经济的传统分布格局和思想的影响,同时,一些中贫农分布较为分散,使得一些农民仍愿意"单干",并不想走合作化道路,所以在某些地区可能脱离了实际。与此同时,中国共产党在农村建设基层组织的进程也在推进,党在农村地区积极发展贫下中农党员,乡村党建水平在宅基地产权改革中间接得到提升。但中国农村在经历了人民公社化运动之后,生产资料的所有权收归集体公社,农民由主动变为被动,并且这时期对宅基地的产权界定也不清晰,农村进行农业生产的内生动力不足,发展活力大幅下降,宅基地产权变为公有反而成为乡村建设的阻力。

3.产权两分,乡村建设重整旗鼓

1984 年,家庭联产承包责任制成为我国农地产权制度的主体,产权制度格局整体表现为"集体公有和农户经营"。在当时农民虽然失去了土地的所有权,但土地的使用权和收益权还在自己手中,所以农民可以利用宅基地的财产收益功能去增加经济收入,农村发展活力被彻底激活,农民愿意也有能力进行农业生产,生活水平得到明显改善。当年全国粮食总产量达到40 731 万吨,与1978 年粮食总产量相比增长了1 000 万吨;农业总产值为3 612 亿元,同比增长14.5%;党的扶贫工作也没有落下,当年共扶持了243 万农村贫困户,其中130 多万户脱离贫困面貌,城乡之间的发展差距在党的努力下逐渐缩小。乡村建设在宅基地产权制度调整的过程中重新步入正轨。

4.三权分置,乡村建设乘风破浪

我国如今在宅基地产权改革问题上主推的是"三权分置"制度,保证农村宅基地在所有权不变的前提下,实现所有权、使用权、资格权的相对分离。不仅农民有了更灵活的渠道——利用宅基地增收,而且宅基地的利用主体范围也扩大了。在乡村建设大进程中,第一步脱贫攻坚战在党的引领下已经打赢,千万人的贫困问题得以解决,历史遗留的城乡发展差距问题也正在妥善解决中;第二步是全面推进乡村振兴,当前农村仍有大量闲置的宅基地资源,灵活的产权制度有利于吸引人才、技术、产业入驻乡村,农民可自行出让宅基地使用权以获得财产性收益,村集体亦可集中招商引资建造工厂、民宿、养老院、生态公园等等,多渠道推动乡村的发展。

要等农民解决温饱问题之后,才能在农村土地上成体系化地开展乡村建设,我国历次宅基地产权制度改革都深刻牵动着乡村的经济形态、政治秩序、社会关系、环境承载力的变化,还在不同程度上影响着乡村的治理格局。土改已为乡村建设工程打下坚实牢靠的"地基",人民可以放心跟着党盖起乡村振兴的高楼。

4.3.2.2　宅基地改革的重要作用

1.放活使用权,提高宅基地经济价值

宅基地"三权分置"改革经济目标是通过放活宅基地使用权促进农民财产性收益的增加与土地利用效率的提高,既可以在保持乡村独立性和差异化的前提下,以差异化的路径突出乡村的比较优势,促进城乡要素双向流通,又可以在保证农业发展、粮食安全的同时,补齐乡村发展短板。要通过改革出效益、出新的生产力就应该充分利用土地这一优质资源,走产业融合的发展模式,将落脚点放在增加宅基地的价值上,挖掘土地潜力,促进农民增收。产业融合也是乡村振兴战略的根本出路,紧扣生产发展的主要任务。"中国要强,农业必须强",灵活运用宅基地"三权分置"改革中使用权有利于实现人、地的高效结合,实现农业现代化,具有重要的经济价值。

2. 落实所有权,巩固宅基地社会政治价值

农民的宅基地使用权的问题不仅是经济问题,也是政治问题、社会问题、法律问题。在安全与生存伦理的原则下,与生存伦理的道义经济原则支配下,宅基地是每户农民都应该获得的基本保障。从20世纪60年代开始建立起来的宅基地使用权制度,体现了我国治国理政的目标,对农民生存保障价值目标予以确认,是一种双赢的制度设计。土地制度事关我国社会主义建设的大局,政府赋予土地的政治意义与保障功能超过土地本身的经济功能,集体土地所有制建立以来,我国一直在利用法律和政策维护这种土地的集体所有权。经济发展进入新常态后,我国提出乡村振兴的战略部署,力争实现"生态宜居、乡风文明、治理有效"的社会政治目标,要实现这些目标就必须解决普遍存在的"两栖人群"问题、重塑乡村社会治理空间,发展现代农业,改革与完善乡村治理机制。"中国要美,农村必须美",宅基地"三权分置"正具备这样的作用与价值:处理人地关系、促进人地和谐,筑牢乡村振兴的生态人文根基。提升乡村振兴的治理效果。

3. 稳定资格权,实现宅基地对农民个体目标的价值

2.8亿进城打工农民和3 000多万亩闲置宅基地的事实让我们看到农民工徘徊在城市与乡村之间,过着漂泊的生活,幸福感受到很大影响。"三权分置"改革的个体目标价值表现在:确权登记,让农民更有安全感;还权赋能,让农民更有主人感;规范交易,让农民更有幸福感;完善法律法规,让农民更有信任感。资格权的稳定对离农户、兼业户、纯农户有不同的现实意义,但无论哪一类改革政策受众群体,都能通过不同途径从这场深刻的变革中获益。"中国要富,农民必须富",只有增加每家每户农民的收入、改善居住环境、生活变得富裕才能实现乡村振兴战略的应有之义。

4.3.3 宅基地整治是推进乡村振兴的关键逻辑

乡村基层治理振兴是当代促进乡村振兴的必要举措。在乡村治理体系中,宅

基地的整治是不可或缺的一环,当前我国对于宅基地整治还未有统一的模式,还处于试验推行阶段。"空心村"问题长久以来都是农村农业经济快速发展的绊脚石,大片荒废的宅基地得不到有效利用,农村人居环境整洁度也被影响。所以这些闲置的宅基地急需科学规划、合理利用、有序治理。结合现实详情和学界研究综合看待我国宅基地整治工作,大致可将闲置宅基地整治概括为宅基地流转、宅基地退出、宅基地规划管理三个方面,本文把宅基地整治的内容细化为宅基地用途治理、宅基地占地治理、宅基地流转治理、宅基地参与主体治理。

4.3.3.1　放权管制,拓宽宅基地用途

宅基地作为重要的自然资源不仅对农民自身的生活生产具有重要的影响,而且与国土空间规划整治有着重要牵连,所以宅基地的使用之道深深牵动着国人的心。我国对于农村宅基地的治理政策的特点可以总结为"重管控、弱权能、善改革"。不同的宅基地利用方式所产生的影响也不尽相同,按宅基地的功能可以将用途划分为居住、生产、经营、商服、旅游、医疗等。

1.重管控

宅基地最主要,也是最大的用途就是用来修建房屋,供人居住,这也是国家历次发布有关宅基地政策时所强调的主方向。新中国成立初期,农户受法律保护可以自主使用、买卖、出租、抵押、继承宅基地。这样来看,国家对宅基地的用途管制是比较宽松的,农民可以非常自由地规划自家宅基地。比如可以在宅基地上养殖牲畜、小面积种植粮食作物、修建仓储厂房等等。在经历人民公社化运动和三大改造后,农地已不再是农民的私有产物,正式归公,房屋可以被买卖、租赁或典当,宅基地使用权随着房屋的买卖和租赁而转移。所以在当时,社员可以利用出让或出租自家宅基地获得财产性收益。随后"宅基地"一词正式出现在中央发布的文件中,宅基地和农用房产权分离,生产队集体享有大部分用地类型的所有权,农民不仅失去宅基地所有权,同时宅基地也禁止出租和买卖。在使用权范围划分上国家又未做出明确规定。这样,宅基地的财产收益属性就被削弱。

2.弱权能

1982—1999年,国家对宅基地的面积限制、用途管制、建房审批都较为宽松,"回乡落户的职工、离休、退休、退职职工和军人,回乡定居的华侨、港澳台同胞,城镇非农业户口居民"都可"依法申请有偿使用宅基地建住宅"。但是也由此引发了大量占用耕地修建宅基地、肆意扩大占地面积、一户多宅、非法流转、宅基地利用效率低下等一系列乱象,所以国家随后又出台相关法律文件,禁止城市居民参与农村宅基地交易,严禁其在农村宅基地上修建房屋。中央已经下定决心在整治宅基地

资源配置过程中的不法行为,以法律形式确立"一户一地"的分配规则,房屋修建须严格按照已有规划进行,严控村镇建设用地的规模。宅基地的使用权后面虽然被国家明确为"用益物权",但宅基地无法抵押、出让、转让或出租用于非农建设。现如今乡村大部分劳动力都选择进城打工,宅基地在农民手中无法有效流转,造成了大量宅基地闲置,但是同时新修宅基地面积又在逐年增长,"一户多宅"现象屡见不鲜。

3. 善改革

综合历次宅基地整治经验,在十三届全国人大常委会第七次会议创造性地提出"三权分置",在继续坚持并建立起一套最严格的宅基地保护体系的前提下,赋予了农民对于承包地的占有、利用、收益、流转和承包经营权的抵押、担保等权能。而且农民既可以继续保留自己所拥有土地的承包权,又可灵活地流转其所拥有承包地的经营权,农民还同样可以将自己所拥有承包地的经营权在发包方知悉并得到同意的情况下向金融机构申请贷款或者融资担保,这样土地的利用方式就有了千万种可能。为能继续提高宅基地的利用效率、使得农村农业建设朝着高效有序方向推进、缩小乡村与城市的发展差距,党中央在2018年提出要"盘活农村存量建设用地,完善农民闲置宅基地和闲置农房政策",并且首次提出要"落实宅基地集体所有权,保障宅基地农户资格权,适度放活宅基地和农民房屋使用权",2019年又连续几次发文强调要盘活农村闲置宅基地和闲置住宅。因此,宅基地的利用方式备受瞩目,宅基地的用途成为大众关注和党中央重视的关键点。之前宅基地主要承载居住保障、生产仓储、社会维稳的功能,但近些年随着社会发展结构变革宅基地的财产功能不断被强化。国家为盘活闲置宅基地,在坚持土地公有,坚守"耕地红线"的前提下,积极拓宽宅基地利用方式的范围。比如,鼓励村庄可以抓住农村"乡愁"氛围浓重的特点,建立一些富有特色文化的景观,吸引城市居民下乡体验风土人情,这样闲置的宅基地可以被改建成乡俗民宿,并且也可以根据当地特色自然资源修建加工厂,以此提升农村经济发展活力。

总之,我国政府对农村宅基地用途的管制较为严格,农民对于宅基地的使用权逐渐偏弱,但是随着时代变迁、制度改革、经济发展,宅基地的用途也由原先单一的修建房屋、仓库逐渐丰富为用来交易的"理财产品"、承载文化的"容器"、环境保护的"试点",以及满足农村居民美好生活愿望的"最佳圆梦舞台"。

4.3.3.2 合理规划,科学宅基地布局

2019年的农村常住人口数量为55 161.97万人,比2014年足足减少了将近1亿人口,但是农村宅基地的占地面积却没有因此减少,有学者按照农村宅基地面积

占集体建设用地比例测算出我国农村宅基地在 2019 年的总占地面积为 901 064.06 × 10^8 平方米。我国虽然拥有极大丰富的土地资源,但人均耕地面积却严重不足,同时在国家发展前期我国大力推进工业化、城镇化时城乡建设用地大幅增长,其中大部分是靠着占用耕地,而且有很多优质耕地也被征占。由此可见,乡村宅基地建设也是"吞食"土地资源中不可小觑的一只"猛兽",若不对宅基地占地进行合法治理,农村宅基地将继续野蛮生长,日后将造成对土地资源利用的浪费,人地矛盾更加突出。

1. 农村地区陋习限制了宅基地的高效利用

由于中国的农村比城市发展起步晚、难度高、水平低,所以国家对待农村地区建设工程一直持鼓励态度,村民可以自行选址盖房,即使是占用耕地,也只需要申请审核通过即可。农村地区在经过持续多年的带领脱贫之后,经济收入水平得到明显提升,对住房的要求也逐渐提高,开始修建新的改善型住房,但也不舍得拆掉旧的宅基地。新宅基地选址不合理,国家也未发布统一修建标准,为节省成本,农民都是自行建房,房屋规划随意性大,造成容积率普遍偏低,极大拉低了土地的使用效能。在农村地区,村民受传统思想影响,攀比心理严重,不遵守国家规定的每户宅基地面积限制,许多房屋修建的华而不实,并伴有安全隐患。

针对此类问题,中央和村级组织都要重视起来,在前期向村民开办宣传教育活动,邀请专业建筑规划师下乡讲解房屋修建的科学方案,也要注重向农民灌输保护耕地,合理利用宅基地的思想;在宅基地修建中期,及时派安全监理人员检查村民自行翻新工程,对待不合理、不安全的房屋果断叫停,并予以酌情惩罚,提高村民的警示程度;到了房屋修建竣工的后期也不能掉以轻心,不规律地对其进行抽查,得出真实的检验情况,保障居住长久安全。

2. 农村基层组织监管不力助纣宅基地占地乱象

鉴于农村地区人民的受教育程度普遍较低,对一些基本的法律常识了解不够,同时家族利益又牵扯较深,乡镇级土地管理部门以及一些基层组织村干部知法犯法,在宅基地划拨中经常睁只眼闭只眼,对待宅基地用地审批不重视,同时监管制度不规范,信息透明度不够,许多规则形同虚设,村民渔翁得利式地获取占地资格,大量修建非农用建筑,打着宅基地的名号无序扩建。即使之后被查处是违法占地修建宅基地,惩罚力度也只是让其退还土地,择期拆除违法建筑,村民的犯错成本太低也会主张违法行为产生。

对于由宅基地管理部门造成的大量无序占地现象,首先要先让乡镇政府土地管理部门的工作人员透彻了解《中华人民共和国土地管理法》以及其他土地使用规划条例,严格保护耕地红线,并做到言行一致,为村集体经济组织和村民树立守法典范;其次向其传输工作失职的影响,以及加大对有违法乱纪行为人员的行政处罚力度;最后规范完善宅基地的审批流程和监管制度,加大信息透明度,将其纳入公众参评,营造出上下都遵纪守法的良好使用宅基地风气。

3.宏观政策可钻空子多难防投机取巧式获利

我国现行的宅基地管理制度是"集体所有、分户使用、无偿申请、限制流转",其审批程序烦琐、审核标准严格,使得一些手续不全、资格审核不过的人想尽办法钻空子,违规"走后门"以便快速将宅基地的使用资格权收入囊中。同时也因监督不到位,所以大量宅基地违法修建,不顾国家利益占用着种粮耕地满足自己的私利。许多人又借着国家鼓励农民将闲置宅基地有偿退出的"政策东风",在地价较高的区域围圈重复盖房,以便获得高额征地补偿。这样做既有损村容又造成资源浪费,花钱盖新房只为了等国家的拆迁补偿,而国家宏观政策有时不稳定,可能撤销某片区域拆迁决定变为旧改,因贪心而修的宅基地就被闲置,同时还容易引发村民和政府之间的矛盾,造成对政策施行的不理解不配合,影响整体的土地整治效果。此外,国家对宅基地的用途、占地、管理未有完善体系,缺乏科学合理的布局规划,对违法占地乱修乱建的惩处未从法律角度进行审判,也让那些善于投机的人找到政策漏洞越权使用宅基地,所以"建新不拆旧""超标建房""一户多宅"等现象出现也算预料之中。

综上所述,不仅要从农民和基层组织视角找寻宅基地占地治理过程中现存的问题,更要从决策者身份去思考现有的制度、政策是否适合乡村建设实际的,是否对宅基地入市的管控过于严格以造成许多暗地里的灰色交易;是否对宅基地有偿征用的补偿审核不够严厉,使宅基地的占地面积变相成为农民的"摇钱树";是否对宅基地的占地布局规划的科学性不足,让宅基地成为农民随意"涂抹"的画布。

4.3.3.3 流转公开,提升宅基地效用

农村宅基地的市场成交价格越来越高,大量城市居民涌入农村地区向农户求购宅基地,财产收益功能日渐凸显,宅基地的流转问题进而成为大众关注的焦点。宅基地流转指的是宅基地使用权的流转,而农民选择将宅基地的使用权进入流通领域的目的是获得土地收益,实现宅基地功能的多元利用。农村宅基地使用权是否放开流转一直是我国长期存在的争议话题,也成为宅基地制度改革的重点思考方向。但由于我国现有的土地制度规定农村宅基地归属于集体所有,农民只拥有使用权,对宅基地不能任意转让、出租、抵押等,并且禁止非农户口购买农村宅基地,大量无人居住的宅基地无法有效利用,顶层设计与现实需求出现不对等矛盾,

农民只能钻空子暗地进行隐形流转,由此就会引发一些纠纷,农民合法权益得不到保障。

我国农村宅基地交易市场最常见的流转方式为出租、买卖、征收等,首先出租是农村宅基地私下流转最常见的形式。农户如果在自家宅基地上还有空闲房屋,就会选择把房屋使用权租赁给他人。这样农民获得额外租金的收入,贴补家用,有利于贫困地区农民加快脱贫步伐,也能帮助当地村集体缓解发展经济压力。其次就是选择买卖方式,在城镇定居的农民也可以把农村闲置的宅基地的使用权和房屋的所有权卖出,获得等额收益,但是这样做的农户无法二次申请宅基地。最后农民还可以选择将宅基地有偿退出。我国正在全面推进乡村振兴战略,希望能缩小城镇之间的发展差距,发展乡村建设必定要向农民征地,农民可以与国家在对补偿协议达成一致的前提下同意宅基地由国家征收利用。

我国虽然默许利用这些方式流转宅基地的使用权,但是当前的宅基地制度还是无法与农民真正的需求所匹配,所以在流转过程中还是会出现许多问题。首先,最大的现存问题就是由制度与需求产生的矛盾,人们自发形成了不规范的宅基地交易市场。这种市场是没有法定的交易规则,也得不到相关的法律法规的保护,大多数的买卖双方会逃避买卖登记,房屋转让、出租的程序也没有经过合法审批,产生法律纠纷后难以维权,既损害买卖双方的合法权益,又给整个市场抹黑。其次,过于严格的限制宅基地流转会成为城乡融合的阻碍。随着经济发展,在乡村耕种农作物的所得收入已不能满足农村居民追求更高品质的生活需求时,他们选择去城市寻求更有发展潜力的工作机会。因此,农村地区就会存留成片的闲置宅基地,只能私下流转以获得经济收入,以缓解在城市的生存压力。如果过度限制农村宅基地的流转,农村居民就无法从中获得额外的财产性收益,他们在城市也无法安心工作,也许会选择重返农村,但是工作的积极性、生活的幸福感可能下降,最终阻碍的是整体城乡的发展水平。最后,我国农村地区虽有很多闲置的宅基地,但国家没有从政策层面上承认宅基地的合法流转,许多农民也不愿退出宅基地,就导致许多土地资源废弃,无法发挥它应有的价值。

针对上述问题,首先,在宏观层面我国可以建立公开的宅基地流转制度,帮助农民构建一个合法有序的宅基地交易市场,引导农民避免参与不规范的交易,建立法律制度保护房屋所有者和消费者的权益。其次要加快对农村宅基地的确权登记速度,《民法典》规定只有进行国确权的宅基地才会受法律保护,因此要保证全范围的宅基地都被覆盖登记,最好能分类登记宅基地的使用情况,可以利用"互联网+"技术建立全国联网平台,这样某些"一户占多宅"的情况也能被公开查到,同时公开每块宅基地使用权的合法登记权属人,确保双方均在知情条件下进行交易。国家还可以根据宅基地分布的区位不同,设计不同的利用规划,可以因地制宜划分出确实不适合流转的宅基地范围,对其给予其他优惠政策,满足农民的合理诉求;对于城市近郊地区的宅基地,要放开流转限制允许其他集体组织成员和城市居民参与流转,不能过分打压宅基地的财产性功能,要顺应时代的发展,允许农村居民利用闲置宅基地进行融资,或是利用农村经济集体组织的名义,积极主动地引入一些经营性企业,激活农村经济的发展潜力。最后,对宅基地流转的监管仍不能掉以轻心,虽然要满足农民的发展需求,但也是要在合法的前提下发展宅基地的融资功能。因此必须建立完善的全方位宅基地流转监管体制,将职责明确到各级部门,甚至是各个参与主体,严格控制城市房地产开发商肆意占有农民宅基地的行为,使得农民个人钻不了法律漏洞,多占或强占宅基地,不配合政府工作。

4.3.3.4 多元参与,激发宅基地活力

宅基地整治是一场浩大的工程,包含众多环节,每个环节又需要多元主体参与治理。当前各国政府都在向"善治""公共治理"模式靠拢,此模式强调公众参与、多元互动、公开透明等原则。更倾向于让政府承担服务、引导角色,指挥各类社会治理主体加入社会治理之中。在新农村建设背景下的乡村治理亦可将公共治理理论融于其治理实践之中,形成政府主导、农民主动、社会多元主体互动的治理机制。国内鲜有对宅基地整治过参与主体行为的研究,杨国发从宅基地使用权抵押的视角出发,将参与主体分为政府机构、金融机构、农民集体和使用权人四类,并得出其在宅基地抵押市场的不同发展阶段会有不同角色任务与表现的结论[85]。易舟等人将农村闲置宅基地整理过程的参与人类型分为农民、政府及第三方机构三类,并认为他们之间会产生矛盾冲突,但是为了追求利益最大化,要善于相互合作,共同促进新农村建设[86]。本书将参与乡村宅基地治理的主体分为内生力量(农民)、中坚力量(政府)、外来力量(社会各界)。

1. 农民肩负宅基地整治重任,但需对进其行培育引导

党和政府一直以来都如实践行为人服务的宗旨,改革开放、脱贫攻坚、乡村振兴等重大战略都是为了我国人民能过上更好的生活。农村深度贫困地区已经从经济上完成脱贫,接下来要以维持脱贫成果和精神扶贫为重点继续发展农村。农村集体经济组织及其成员一直被看作盘活农村闲置宅基地和住宅的主要力量,习近平同志2018年在山东考察时说过要"积极培养本土人才",2020年在湖南考察时又强调要"深化农业农村改革,激活乡村振兴内生动力"。由此可见,国家非常重视从农村内部寻找内生力量来引领农村的发展,李华胤将直接参与乡村治理的内

部主体力量归纳为两种:第一种类型是凭借地缘、血缘、利益等关系自发成立的农民自治组织,第二种是长期扮演某种功能角色并拥有一定的村社权威的村生精英[87]。刘志秀将参与乡村人才振兴的主体界定为内生型人才和嵌入型人才[88],其中内生型人才包括村、本地村干部、回流新乡贤,同时认为这类角色有自需性、组织性和公益性的特点。将会着重从普遍农民的角度切入分析这类群体在参与宅基地治理时的现状与困境,并为其提出能力提升建议。

要想在宅基地整治过程中实现农民的主体地位,首先必须解决农民参与问题[89]。首先,由于大部分农民本身的文化水平不高和法律常识不足造成对参与宅基地整治多持冷漠态度。根据2020年中国农村统计年鉴数据显示,农村有50%左右的居民家庭户主文化程度是初中水平,其他多是小学学历,有大学及以上学历的人仅占0.3%,可见农村地区受教育低导致其对农民主体意识淡薄,对一些专业技术知识更是陌生,因此丧失参与宅基地整治的积极性。其次,农村建设的过程中,有学者发现,农民年均可支配收入成为影响学低碳新民居建设的决定因素中,提高农民的年均可支配收入是低碳新民居建设的核心内容[90],同样地,农民年均可支配收入较低影响宅基地整治水平。再次,由于快速城镇化的影响,乡村人口流转变动大,留村农民大多是老人、幼童、妇女等劳动能力不足的群体,更加重了农村地区发展的"停滞"状况。再次,我国目前对农民参与宅基地管理的制度并不完善,还未搭建简单又高效的参与平台。目前多使用听证会形式参与宅基地管理,农民可能因为对一些官方名词不熟悉,听证流程耗时长而放弃行使自己的合法权利。最后,农民在公众社会是有多种需求的"复杂人",追求个人利益最大化的价值导向使其容易向强权低头、对不公闭眼、遇事逃避。尤其在参与自己关系不大且无经济利益的事务时,农民的参与意愿更是大大降低。但是在处理与自己个人利益密切的相关事情时,农民又会想尽办法多为自己谋私。比如超标建设宅基地、不按审批流程随意选址以及私下流转宅基地。

对于农民自身所造成的宅基地整治困境,各级政府首先应该注重对其培养教育,主动进户宣讲或开办科普讲堂,使农民从思想根源上得到解放;其次要为农民建立完善又易理解的宅基地参与体制,多建立一些开放性强的参与渠道吸引农民广泛参与宅基地管理,同时也要注意对制度具体实施情况进行监管;最后,农村集体经济组织或是村委会也要集合众力,引领农民积极参与宅基地整治,激活普通农民的政治热情,成为农民与政府之间的交流桥梁。

2.政府挑起现代化乡村治理的大梁,致力规范宅基地管理机制

政府是老百姓与国家政策之间的连接线,政府的治理水平直接关系到政策的

施行效果,牵连着老百姓的政治参与热情和满意度。乡镇一级政府是与农村社会距离最近的行政机关,同时也是宅基地管理体制中的重心所在。新时代,基层政府组织一直朝着现代化的治理方向努力,国家致力于提升基层政府的执政水平、服务水平,构建基层社会治理的新格局需要城市与乡村多级政府一起努力。

"不忘初心,牢记使命"是习近平同志一次次对公职人员强调的要求,但是由于我国基层政府发展起步晚,水平参差不齐,总有一些"漏网之鱼"做出一些有愧于人民的事情。政府是宅基地整治机制中的管理者、施令者,同时也承担着为农民提供服务的角色。政府的工作态度和行为都会对宅基地利用的效果产生直接影响,比如农民申请宅基地需要经由乡镇政府审核批准,修建完毕后也会要有政府人员按照"三到场"要求监管宅基地的实际使用情况,检查是否存有违法行为。如果政府只做口头工作,不干实事,农村宅基地的滥用现象会更加严重。再比如乡镇级政府可能受到房地产开发商的利益诱惑,以农民的宅基地为抵押物获得金融贷款,在有升值潜力的地段修建住宅小区,对农户实行"拆一补一"和超面积部分按成本价购入的补偿安置办法,这样基层政府既能获得向房地产商出让土地的收益,还能成为推进农村现代化发展的"好政府"。又或是由于政府拥有对宅基地对最终处分权,所以在实行拆迁宅基地项目中敢于冒风险欺骗农民,强制其搬离原地后也不进行妥善安顿,而将大部分补偿款收入自己囊中,农民的合法权益受到损害,本该是为人民服务的政府机关,却变为剥削农民利益的最有"底气"组织。这样还如何构建现代化的基层治理体系,如何实现乡村振兴?

面对当前农村基层政府治理能力不足的现实,首先上级政府乃至中央政府要起好"带头人"的作用,将自己积累的先进治理经验多多传授给基层政府,需从制度源头上把好关,建立完善规范的宅基地管理制度,对每一环节的执行绩效进行严格监管,做到每一条所施之策都是在为农村、农民谋发展。其次,要加大政策的信息公开度,保障农民的知情权与参与权。我国现行的自然资源征用听证会程序还不够完善,农民普遍参与意愿较低,政府可以主动公开相关信息,让农民知晓宅基地的使用实情,并邀请他们进行监督评分,寻求开发意见,使宅基地的利用符合农村实情。最后,政府要联合立法机关从法律角度健全农民参与宅基地整治的保障机制,包括在遇到土地纠纷后投诉仲裁的法律保障,使村民敢于发声。平时也要多向农民进行土地、宅基地相关的普法教育活动。政府在宅基地整治中要先踩出一条道路,这样农民群体就算迎着逆风也会勇敢前进。

3. 社会多元外来力量为宅基地整治注入新发展活力

推进农业农村现代化不仅要依靠农村内部力量还要学会向外界引入新鲜血

液,打通乡村的"任督二脉"。外来下乡人才可以归纳为驻村干部、第一书记、大学生村官、专业技术人员、经营性产业投资者等。这些主体或因工作需要、政治政策或因经济利益加入乡村建设大团队,虽然他们大多与这些地区没有亲缘、地缘关系,但依然为我国建成现代化强国目标贡献着自己的力量。

我国自 1995 年,江苏省实施"雏鹰工程"就开始引进大学生下乡助力解决"三农"问题,1999 年,海南省成为全国第一个推行"一村一名大学生"计划的地区,直至 2008 年,全国开始大范围招大学生村官。所以以工作职责、政治需求为主要的外来人才投入乡村建设在我国已有 20 余年历史,发展已经较为成熟,效果也十分明显。大学生有扎实的理论知识、活跃的创新思维、高涨的参与热情成为治理乡村不可或缺的力量。在宅基地整治中,可以利用有相关背景知识的大学生去帮助村组织和基层政府组织规划宅基地的选址布局。对于一些其他更专业的工作就需要村集体经济组织从外界专业机构聘请人才,点对点高效指导农民在宅基地占地、使用过程中的难题。比如引进一些正规房地产行业的营销人才和建筑规划师,可以向农民普及选房购房时的注意要点,以及家装陈设基本技巧。现在还注重将电商引入农村,以"互联网 + 房地产""互联网 + 建材市场"等模式尝试线上选材、看房、交易、科普等等。为践行习近平同志的金山银山理论还会邀请一些生态学家、林业规划师等相关技术人员,指导农民如何在正常生产生活状态下做到生态保护。有了智囊团和技术,还需要有资金启动。凭借农村土地资源丰富、市场发展空间大,一些企业带资下乡选择在村租赁或开办具有经营性质的产业厂房,这样还可以解决农村部分劳动力的就业问题。还有一部分投资者会选择走特色乡村旅游的发展路线,利用各地特有的自然资源在宅基地上修建农家乐,加工出售农产品,同时还能改善村容村貌。

这些外来主体带来的力量已经在无形之中给中国的乡村建设写下浓墨重彩的一笔,总体来说他们在参与宅基地整治过程中的表现优秀,真正发挥了自己的作用,确实有助于农业农村的现代化发展。但是这些主体的主观性太强、自由性大,很难长久留在农村,多半是在任期期满之后或者是赚够所需经济利益之后就会撤离乡村。之前创造的乡村建设良好局面可能难以保持,所以需要国家继续提升农村对外来人才的吸引力。首先,从继续完善基础设施开始,将所需各硬件设施配置齐全,加快城乡一体化建设,使外来帮扶人员减少缓冲适应时间,甚至愿意长久扎根于农村的田野之上。其次,可以多为这些群体"私人订制"一些福利政策。对待在城市留有家庭的人才,国家要尽力解决由于下乡帮扶导致的家庭角色缺少所产生的不利影响,免除他们的后顾之忧,使其更愿意也更放心下乡帮助千千万万农民的家庭发展。最后,要健全引入、任职、考核、撤离的工作责任机制。不能只是简单的上任或退休,也要对这些人员进行培训,学习一些与农民方便打交道的"土办法",才能贴合农民的实际需求。还要有长期追责制度,在每个环节都要有责任人签字确认,使各类主体都能尽心尽力尽责参与宅基地整治。

4.3.4　宅基地整治推进乡村振兴的现实途径

在推进乡村振兴战略背景下,宅基地作为农民生活不可或缺的要素条件,主要承载着农民的居住保障功能和农村的政治稳定功能[91]。积极推进宅基地整治工作,有利于提高土地利用率、激发土地多元化价值、增加农民收入,更好地为产业、人才、文化、生态等多维度的振兴提供保障。因此,结合乡村振兴五大维度,以宅基地整治为依托推进乡村振兴稳步发展具有重要的意义。

4.3.4.1　多角度利用宅地资源,有效促进产业创新

随着经济与科技水平的不断提高,农村人口逐渐市民化,据国家统计局的数据结果显示,截至 2019 年底我国城镇化率已达到 60.60%,加上大量农村人口选择进城务工以及外出读书深造,大量的宅基地处于闲置与低效率利用状态。而在乡村振兴这盘棋局中,土地要素扮演着至关重要的角色,闲置宅基地的处理与利用效果将影响土地集约利用以及土地要素作用的发挥。因此,必须拓宽宅基地使用途径,提高宅基地利用效率,以此助力产业发展。

1. 打造乡村特色产业,挖掘闲置宅基地价值

采用"投资商＋农户"或村集体、个人自由投资运营的方式,结合当地的自然资源与发展条件,因地制宜地利用闲置宅基地发展特色产业,打造乡村特色产业品牌,以物美价廉的优势条件来吸引城乡居民进村消费,从而实现闲置宅基地的价值,增加外来投资商、村集体、农户的收入。

(1)发展特色农业

从种植有机蔬菜、水果等农产品,销售高品质无污染的农产品,增加农户农业收入角度出发,将农村闲置宅基地转变为种养殖、展览、销售、储藏、办公等多功能服务基地,大力发展特色农业,打造"一乡一业,一村一品"的品牌。并依托互联网平台打造农业电子商务化,利用闲置宅基地建立物流园区、网络信息服务站等[92],便于农户将自己的农产品进行线上销售,同时促进特色农业的广泛推广。

(2)发展特色手工业

充分利用闲置宅基地成立手工艺研学馆、手工业园区,带动留在农村未参加工作的妇女、孤寡老人参与到发展特色手工业过程中来。通过"企业出资、村民出

力"的合作方式,打造农村特色手工业发展模式。一方面企业出资聘用专业手工艺师,将手工艺创造过程、制作技能以有趣形式向村民清晰展现,激发村民对制作手工艺的兴趣以及强化技能培训。另一方面,村民在制作手工艺品过程中,注重将传统手工业与现代文创风格相结合,设计制作带有民族风格与现代风格的日常生活用品。

(3)发展特色旅游业

发展特色旅游业也是盘活利用闲置宅基地的重要途径之一,通过利用当地自然风景、人文景观等旅游资源,将闲置宅基地与其他未开发利用的土地形成旅游区域,打造乡村文艺建筑、采摘果园、红色景观、休闲观光等旅游项目,吸引更多城市居民参观赏景,以更好地拉动产业的发展。

2.推动闲置宅基地服务化,完善村民共享设施

村民是宅基地整治的直接受益者,由于长期以来农村在休闲娱乐设施、公共文化活动场所等方面的服务滞后,不能够满足广大村民的基本生活要求。因此,要清退整理违规多占、闲置的宅基地,统一规划与设计将其转变为基础设施用地。一方面,满足村民的基本共享设施的要求,建设集文化、休闲、娱乐、运动于一体化的服务设施,如乡村图书馆、文化展览室、多媒体观影室、运动健身房等。另一方面,为村民的老年生活提供服务保障,由政府或村集体进行招商引资,打造投资商与宅基地农户合作经营模式,在适宜的区域建设乡村养老院,以缓解农村养老压力问题,激发闲置宅基地的利用率。

3.建立闲置宅基地交易平台,合理进行流转交易

为防止在闲置宅基地交易的过程中,出现交易信息不公开、流转程序随意化、行为诈骗等现象,地方各级政府要牵头建立统一的闲置宅基地交易平台,设有专门在线管理员进行管理审核,规范交易平台的使用功能,如信息的搜集功能、发布功能、购买交易功能,以及客服咨询、问题反馈等功能,并确保严格把控每一项功能下的内容,对不符合交易规范的信息及时进行清理、纠正。同时,国家应加强规范农村宅基地流转交易的力度,为闲置宅基地的流转过程提高法律保障。通过营造信息公开、透明的交易氛围,使宅基地的买卖双方更加放心地进行交流,从而促进闲置宅基地进行合理地流转,最大限度地发挥闲置宅基地的价值。

4.3.4.2 全方位建设人才队伍,凝聚后备雄厚力量

在以宅基地整治为依托推进乡村振兴的过程中,离不开土地相关专业人才对宅基地的整治提出合理化的建议与指导。目前,由于农村的就业机会较少、基础设施不完善、人才培养机制不健全等问题,很难鼓励、吸引、留住农村人才与外来务工

人员。同时也存在大部分农村青壮年、知识分子为了维持生计选择进城务工现象，导致留在农村的大部分是年龄较大的、文化水平偏低的农民。因此，利用"内育外引"的方式，对于宅基地整治凝聚后备人才力量具有重要意义。

1. 加大内部人才培育力度，激发内部人才活力

首先，要明确培养内部人才的目标，为宅基地整治培养出一批热爱土地、善于研究、懂得经营的高素质土地人才。其次，要明确培育对象类别。对留在村内的成年人进行农业职业培训，对村内上学的中小学生进行义务教育熏陶。最后，在教育培育方面上，利用闲置的宅基地建设农村职业教育培训基地，创新理论与实践相结合模式。其中，理论方面侧重于向村内成年人讲解农村宅基地的制度政策、演变历程等内容，实践方面侧重于实用技术与职业技能方面。通过从不同角度来提高村民对宅基地相关制度的认识以及职业技能水平，为宅基地整治以及乡村振兴提供实用型人才。同时，注重乡村中小学生的九年义务教育，对乡村原有的旧校舍进行修建，完善教学基础设施，建立美术展览室、舞蹈培训专用教室、休闲健身房等多功能活动场所，促进学生全面素质提升。在对中小学生进行教育过程中，注重现代化模式的同时，使中小学生能够接触乡村田间教育，真正地让他们感受体验大自然的淳朴，培养他们自觉节约用地、保护生态的意识。

2. 拓宽外部人才引进渠道，注入新鲜外部力量

凝聚宅基地后备雄厚力量，还需要注重积极引进外来优秀人才，这里所说的外部人才主要是指退休的教职工、土地专家、企业家、城市精英等。首先，在宅基地制度上可以减少对城市人口进入农村的限制，规范引导村民将宅基地和房屋的使用权适当流转给外来人口，为外来人口提供住房保障，以更好地引进思想政治素养高的精英、城市人才，参与到宅基地整治工作中来。其次，围绕乡村产业发展，开展线上线下"招商引智"活动，明确可开发利用的闲置宅基地区域，列出其开发利用的未来发展前景与优势条件，如减少税收政策、加大财政扶持、强化激励措施、搭建创新创业平台等，对外来人才进村创业、投资提供便利条件。最后，地方政府要加大对人才的培育力度，采取地方政府资金扶持与当地高校培养相结合的方式，为符合当地发展要求的人才，提供更多的职业教育和技能培训机会，且在适当条件下进行经济补贴，以此将更多的人才留在当地发展。

4.3.4.3 多方向传播先进思想，破除封建传统观念

思想是行动的先导，树立正确的世界观、人生观、价值观，有利于规范人的言行举止、提高人的思想境界。在以宅基地整治推进乡村振兴的过程中，依旧离不开思想的价值指引。而目前，农民受封建传统思想、宗教信仰文化等影响，导致农民对

宅基地使用权的获得、占有、处置、退出、流转等认知方面存在与法律规定相悖之处。由此可见,积极传播先进思想,破除村民的封建传统观念,在宅基地整治的过程中尤为重要。

1.利用"线上+线下"模式,推进思想道德建设

目前,受乡土文化、住宅风水、"私宅祖产"等传统文化观念的影响,导致大多数村民将宅基地视为自己所有,即使没人居住也不愿交还给村集体。因此,在以宅基地整治推进乡村振兴的过程中,利用"线上+线下"模式,提高村民的思想道德素质。一是利用技术将文字、图像、声音、视频等有机结合,通过宣传公告栏、短视频平台、微信公众号等媒介,传播新时代中国特色社会主义新思想,使村民在思想上达到高度统一。二是要通过开展线下"先进文化讲堂"、座谈交流会、知识问答、板报比赛等活动,深入宣传与解读农村宅基地政策相关的内容,改变村民对宅基地使用的传统观念。同时,广泛宣传在宅基地整治中的先进典范事例,发挥模范带头作用,强化村民自觉遵守宅基地制度要求的意识。

2.完善乡村思想文化设施,增强村民的幸福感

在进行宅基地整治过程中,引导村民树立节约用地的思想,根据各地的实际财政状况、土地资源的分配等情况,将闲置的宅基地或荒废的住宅区转变为乡村文化设施,建立完善乡村博物馆、乡村文化服务中心、乡村文化体育活动等公共场所,通过设置不同的思想宣传标语的方式,将先进文化思想与乡村传统文化贯穿其中,使村民沐浴在丰富的文化知识下,促使村民在享受娱乐之时能够做到自觉主动地进行先进思想文化学习与传播。同时,在建设基础设施的前提下,注重保护与利用好祠堂、寺庙、集市、戏台、风雨亭等乡村原生公共文化空间,促进乡村文化交流和代际传承[93]。

3.融合物质与精神激励,满足村民的利益需求

在宣传先进思想的过程中,大多数的做法是围绕思想道德层面,提高村民的认识,转变村民的观念,以更好地解决村民在宅基地整治中的矛盾问题。但有时也会因忽视了对村民的实际需要,空喊口号而忽视了物质上的奖励,导致思想教育的宣传与培训效果并不佳。虽然在实际的宅基地整治工作当中,与村民诚心诚意的积极沟通,大部分村民仍是理解与支持工作的,但适当地对在宅基地整治中表现突出的村民进行物质奖励,不仅能够发挥其先锋模范的带头作用,还能够满足村民的个人需求。因此,物质激励与精神激励的作用都是不容忽视的。尤其是在宅基地整治过程中,要兼顾村民的利益需求,以精神激励为主、物质激励为辅的方式,激励村民自觉发挥其在宅基地整治中的主体作用。同时,也要做到奖惩分明,对思想政治

觉悟高、积极参与到宅基地整治过程中的村民进行奖励,对违反破坏宅基地相关政策制度、影响整治过程的村民进行惩罚。

4.3.4.4 全立场规划宅地布局,建设良好生态环境

处于 21 世纪新时代背景下,人们生活水平的不断提高,国家越来越重视生态环境的治理,人们也更加追求高质量的生态环境氛围。但目前农村存在宅基地布局分布混乱、一户多宅、占地不合理等现象普遍,影响了农村的生态政治面貌,甚至阻碍了乡村振兴的发展。只有在尊重保护农村生态环境前提下,合理布局和设计好农户的宅基地的格局,才能形成长期稳定的乡村振兴基地,推动乡村振兴维度下的生态振兴发展。

1. 开展宅基地专项调查,完善排查数据库信息

宅基地是农民用于建造住房以满足居住需求的村集体建设用地,目前大多数地方的宅基地类型包括已建成住房的土地、曾建过住房但现已无法居住的土地和准备用于建造住房的规划用地 3 种类型[94]。但在实际中,由于受到农户进城、一户多宅、建筑时间久而无法居住等因素的影响,农村出现了大量的闲置宅基地。因此,为方便合理规划宅基地的布局和规模,需要对农村所有的宅基地,特别是闲置宅基地数据进行调查与统计。

首先,明确划分负责调查统计的单位。按照区域进行层级管理,以村委会为单位,负责定期对本村的宅基地进行挨家挨户调查,将完整数据结果备案并上报至乡镇主管部门,之后依次按县/区、市往上报至省级负责单位。其次,设计好宅基地专项调查内容。在调查对象的选取上,按照建设住房规划用地的三种类型分类选取对象;在具体调查内容方面,一要设计农户个人信息专项板块,二要设计宅基地明细数据板块,分别明确现有宅基地与闲置宅基地的数量、占地面积、所处位置,且备注宅基地出现闲置未利用的原因。接着,以村为单位展开调查。在进行调查的过程中,由于村民存在文化水平等差异,调查人员要做到一户一梳理,及时对调查结果进行记录与审核,对有漏填、误填、乱填的数据进行回访、修改。最终,分析整理数据,完善排查数据库信息。各村委会将调查结果进行分析与整理,再将结果与农村国土资源划分、以往宅基地分配数据、实地考察情况等进行比对,确认无误后形成新的农村闲置宅基地数据库,备案上报并随时关注与更新宅基地统计信息,为盘活利用闲置宅基地以及合理规范用地布局提供数据支撑。

2. 严格落实"一户一宅"规定,清退整理超标用地

2019 年 9 月,中央农村工作领导小组办公室、农业农村部发布《关于进一步加强农村宅基地管理的通知》,要求严格落实"一户一宅"规定,农村村民一户只能拥

有一处宅基地,面积不得超过本省、自治区、直辖市规定的标准。根据这项通知要求,农户应只有一处宅基地,但由于存在农户私占乱占、缺乏明确地宅基地布局标准、政府监管力度不佳、没有严格的法定程序要求等问题,农村大多会出现用地不合理现象。基于此现状,需要结合所统计的农村宅基地数据库,对不符合通知要求的农户的宅基地进行整治、清退,并将闲置出来的宅基地进行标记。另外,严格按照国家规定的宅基地面积标准与宅基地建房标准,遵循宅基地在分配过程中的法定程序,并对宅基地的使用加强监管力度。可采用"村民 + 村委会 + 乡镇政府"合力监管模式,带动村民积极使用自身的监督权,针对村内部农户私占乱占宅基地、村干部包庇村民违法占用等现象向乡镇政府进行举报。村委会要传达落实好上级的通知要求,并公布每户享有的宅基地的面积、位置等信息。乡镇政府拓宽民意沟通渠道,密切联系群众,并不定期对各村庄宅基地使用情况、信息统计库进行突击检查。

3.转变优化布局方法,促进布局与需求匹配

整治宅基地必须要有利于为农村农业现代化提供发展空间,必须容纳和承载农村居民的现代生活[95],必须要满足村民的物质生活和精神生活的需要,达到宅基地的布局和村民的个人需求高度统一。因此,在宅基地布局规划过程中,要转变优化布局方法,既要发挥政府或村委会在布局规划中的协调管理作用,又要发挥农户的监督作用,确保宅基地布局优化能够满足村民的个人需求。宅基地布局技术思路示意图如图4-1所示。

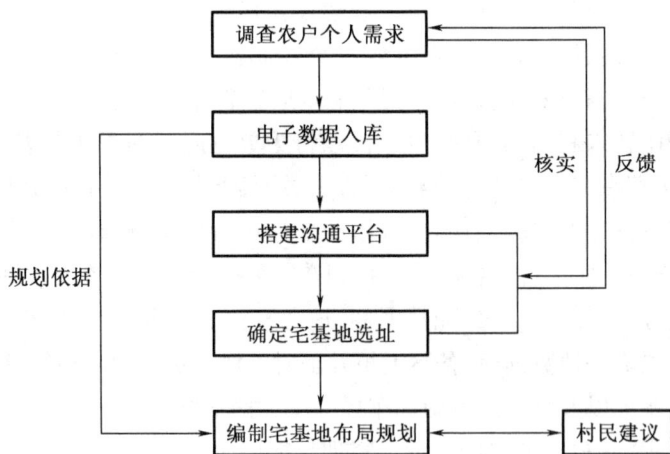

图4-1 宅基地布局技术思路示意图

一是在调查农户个人需求方面,以目前农村所拥有的户籍人口为调查对象。基于部分农户外出打工等因素的考虑,利用匿名问卷调查进行实地走访或电话访问,了解农户对自己所拥有的宅基地用途的看法,如是否想要继续保留宅基地的住宅保障功能还是想要转化为经济财产功能。同时,了解农户对目前村内的基础设施、宅基地制度、生态环境的满意程度,以此整体全面了解农户个人需求。

二是在确认宅基地选址方面,结合农户的需求和村内生态环境等发展情况,保留原有合理规划好的宅基地布局,对于清退整理出来的闲置宅基地进行重新规划,以此编制完整的宅基地布局规划。首先,要充分结合好线上新媒体平台与线下面谈交流方式,如线上建立微信群、线下召开座谈会等,促进规划主管部门、地方建设主体、村委会和村民之间的沟通交流。其次,确认宅基地选址,主要从宅基地的住宅保障功能与经济财产功能角度出发,采用"部分分散 + 部分集中"结合方式整治闲置宅基地。另外,还要注意宅基地的分布与基础设施、生产生活用地均衡分布。

三是在编制完整的宅基地布局规划方面,不仅是要确认好宅基地使用人、地理位置因素,还要考虑宅基地的外观设计,考虑其是否能够体现出地域文化特色和生态文明理念。在政府财政资金的支持下,邀请高素质、高水平的建筑设计团队或专家对农村的宅基地外观进行美化设计,彰显出地域特色文化、体现人与自然和谐融合的生态文明理念的独特建筑风格,而绝不能允许千篇一律、千房一面[96]。

四是在进行宅基地布局规划前,要耐心地向村民讲解方案,并充分听取村民的意见,确保规范能够得到村民的认可与满意。在践行过程中,要充分利用村内公示栏、张贴公告、广播、村成员微信交流群等方式,公开农村宅基地整体布局相关信息,让村民真正地参与到宅基地布局整治中来。同时,也要建立"内外结合"的监督管理体系。比如内部成立村务监督委员会,主要负责公开信息、监督村内工作运行;外部监管方面成立基层巡查监督小组,主要由乡镇政府等工作成员组成,负责随机检查村内工作过程,并对村内工作进行考核评价,将考核结果作为该村评优评先、经济扶持等方面综合评定的依据。村民参与宅基地整治工作的示意图如图 4 - 2 所示。

4.3.4.5 多元化主体共同参与,聚力推动组织振兴

在以宅基地整治推进乡村振兴的过程中,不仅要注重提供经济、政治、文化、生态建设方面的全面支持,还要时刻明白人民是实施乡村振兴战略的主要力量。虽然国家对人民在宅基地整治发展的作用给予了高度的认可与重视,为村民提供经济扶持、加强思想引领、改善生态环境、健全法律保障,但仍需要多元主体共同参与到实践性工作中来,响应各级组织的号召,凝聚力量推动组织振兴,最终稳步实现乡村振兴战略。

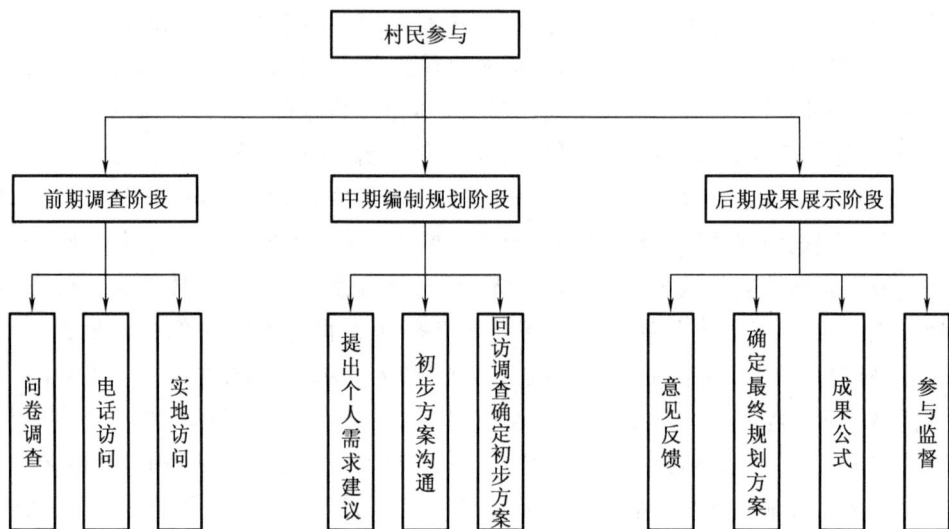

图4-2　村民参与宅基地规划过程示意图

1. 发挥政府在宅基地整治中权威代表作用

在中国的发展过程中,政府是具有广义的,广义上的政府主要划分为中央政府、地方政府(省、自治区、直辖市政府)和基层政府(市、县、乡级政府)三个层级[97],对中国社会的方方面面发挥着不同的作用。其中,在宅基地整治中,广义政府扮演着引导、监督、推动的角色。因此,不同层级的政府要积极采取行动,以更好地发挥其权威代表作用。

在宅基地整治过程中,中央政府负责提出、制定宏观政策规划,要做好全局规划、制定合理标准、提供服务保障,如完善健全宅基地使用权政策、宅基地用途管理制度、监督保障体系等。地方政府要根据中央文件部署要求,提出、制定符合地方宅基地整治的战略目标、实施方案,协调、管理、监督、评估地方各部门及基层政府具体落实实际的工作。基层政府是直接接触到村民的力量,要结合当地实际,贯彻落实上级要求,密切联系村民。建立健全村委会重大事项向上级汇报制度,要求村委会对宅基地使用情况、村内财务流动去向村内产业发展情况等方面上报至基层政府,基层政府再逐级向上级报备。同时,为进一步防止工作人员出现角色错位、谋取私利等现象,要完善对农村宅基地权益的保障制度,拓宽村民代表与政府进行沟通的渠道,充分调动村民使用话语权、参与权、监督权。

2. 发挥基层党组织在宅基地整治中领导核心作用

农村基层党组织是党在农村工作的基础,是贯彻落实党的方针政策、推进农村改革发展的战斗堡垒。要充分发挥基层党组织在宅基地整治中领导核心作用,以更好地推进乡村振兴发展。首先,基层党组织要坚定政治信仰,始终本着切实为广大人民服务的理念和宗旨,坚持做到从群众中来、到群众中去,在思想政治上起到带头示范作用。在宅基地整治过程中,带头参与闲置宅基地多元化利用等工作。其次,基层党组织要注重内部党员的个人需求,防止党员滥用职权来包庇村民或谋取私利。在内部健全规范党员工作考核体系,在外部善于收集村民对党员的评价,并采取适当的奖赏制度,对于表现突出的党员进行表扬,对于行为恶劣的党员给予惩罚。三是基层党组织要加强村民的党性教育,通过利用多媒体、APP等手段开展理论宣讲、党务知识竞赛、红色观影等活动,树立基层党组织的威信,以更好地发挥基层党组织在宅基地整治中领导核心作用。

3. 发挥村委会在宅基地整治中的协调作用

村民委员会是村民行使民主选举权利选举产生的自治组织,是农村事务的主要执行者[98],在宅基地整治中起到协调管理的作用。一是要做到"上传下达","上传"是将村内的宅基地使用情况等重大事项及时上报到上级政府,将所收集到的村民在宅基地整治过程中的建议、要求、意见等民意反馈给有关部门,充分保障村民的合法权益;"下达"是指具体落实党和国家的路线方针政策和决策部署,积极完成上级政府所要求达到的目标任务,通过广播等电子媒介向村民普及政策要求等。二是要精心挑选村干部,把那些能够真正做到"全心全意为人民服务",又具备处理村内事务能力的人才选聘为村干部。三是要成立村内宅基地专项管理监督组,组内人数方面依据农村管理范围以及事务的多少等方面而定,成员可由本地退休党员、教师、知识精英等综合素质高的人才构成,明确规定与划分组内成员各自的职务与权力,对宅基地的使用、规划等方方面面进行管理与监督。

4. 发挥村民在宅基地整治中的主体作用

村民作为农村宅基地使用权的主体,在盘活利用宅基地的过程中离不开村民的参与和支持。村民要充分发挥自身的力量,积极参与到宅基地整治的事务当中来。按照村民的知识水平、职责要求等,将村民划分为村民代表、精英人才、普通村民三种类型,分别简述他们在宅基地整治过程中的作用以及如何发挥作用。

村民代表是由村民直接选举或推荐出来的代表,在村委会和村民之间起到桥梁纽带作用。因此,在宅基地整治过程中,作为村民代表,要积极参加、组织开展相关教育培训会,熟悉掌握农村宅基地政策制度,不断增强自身知识技能储备,为村民提供优质化、专业化服务。同时，要密切联系村民，全面掌握村民动态、讲好政策制度、协调好人地矛盾，充分发挥信息员、宣传员、协调员的作用。

农村精英权威是可以在宅基地整治推进乡村振兴的过程中发挥带头示范、治理"钉子户"作用的群体。农村精英人才要充分利用互联网和社会关系网络引入更多外部资源注入乡村，成立农村乡贤助力发展协会，通过建立微信群与在外的村民们取得联系，在虚拟的网络上将村民重新团结起来，聚合原本已经外流的村庄内部资源，为村庄发展助力。

在宅基地整治过程中离不开普通村民的参与和支持。首先，作为普通村民，要自觉配合村委会、基层党组织、上级政府的工作，要根据自身的需要，如实填写宅基地数据统计表，明确自身未来发展规划。其次，要树立正确的世界观、人生观、价值观，要有国家利益高于个人利益的思想觉悟，自觉参加村内所组织的法律教育、职业技能等相关培训，并通过多渠道了解宅基地相关的规章制度，转变将宅基地视为个人私有的观念。最后，村民要具备参与村务的民主意识，针对宅基地整治积极献言献策，积极依法行使自己的权利，学会运用网络媒体等方式监督村干部行为。

4.4　本章小结

乡村振兴战略是中国实现民族复兴的关键历史任务，是解决三农问题接力赛中脱贫攻坚战之后的最佳"接棒手"，是广大农民群众真正过上现代化幸福新生活最关键的一块砖。但要想振兴有实效，必须依靠高效的治理手段。不管是基层组织治理还是对宅基地资源的治理都要形成完备的治理体系，在党的领导下，各级政府依据各地各异的乡村民情积极改革不合理的政策制度，以保证农民群众都能对乡村治理有高涨的参与热情。

宅基地资源作为最贴近农民生活的重要生产要素，可以成为点燃乡村振兴这把"火"最旺盛的那块"燃料"。我国当前宅基地整治的重点大多集中在通过多元主体多种方式盘活闲置宅基地资源方面，希望在宽松灵活的宅基地政策大环境下，引入社会各类各界专业人才，借助"互联网＋"、5G、区块链、云计算等数字化技术，拓宽乡村可发展产业的范围，最终经过高效的基层治理配以合理的宅基地整治手段齐力打通由脱贫攻坚转变为乡村振兴的层层升级之路。

第5章 结 论

在脱贫攻坚与乡村振兴衔接过渡时期,基层治理是乡村治理的核心力量,宅基地整治是乡村治理的重要抓手。将这一时期分为乡村建设、乡村治理、乡村发展、乡村振兴四个阶段,以宅基地整治与基层治理为例,研究脱贫攻坚与乡村振兴的有效衔接存在的问题,在此基础上提出脱贫攻坚与乡村振兴有效衔接路径。

本书所得结论如下:

(1)脱贫攻坚与乡村振兴并不是孤立的两个环节,而是循序渐进、相互联系的过程,必须有序推进,做好各部分的衔接与发展。

(2)加强宅基地整治能有效改善乡村地区的整体面貌,在脱贫攻坚与乡村振兴阶段都发挥重要作用,必须重视宅基地整治。

(3)基层治理能力的提升对于提升国家治理能力和治理水平具有重要推动作用,实现乡村振兴离不开基层治理能力的提升。

由于研究者能力有限,仍有以下问题需要进一步完善:

(1)调研对象范围有待扩展

由于时间限制、经历限制、水平限制,调研地点的选择只能在现实允许的范围内进行。调查对象的选择受很多因素影响,样本的选择和样本量基本符合要求,但应该进一步扩大范围。

(2)结构方程模型运用有待完善

乡村发展篇运用结构方程模型分析乡村发展动力潜变量和可观测变量的确定,凭文献梳理和调研现状分析总结出,主观性会影响变量的设置,由于研究经验、人员等条件限制和理论分析的疏浅,尚不足以论证治理阻力的可靠性,在今后的研究中应减少主观性影响,进行进一步探究。

参 考 文 献

[1] 中共中央关于制定国民经济和社会发展第十四个五年规划和二〇三五年远景目标的建议[N]. 人民日报,2020-11-04(001).

[2] 陈薇琼. 乡村振兴战略背景下农村基础设施建设的现状与对策[J]. 山西能源学院学报,2021(3):73-75.

[3] 赵廷阳,张颖,李怡欣. 乡村振兴背景下的乡风文明建设:基于全国村级"乡风文明建设"典型案例分析[J]. 西北农林科技大学学报(社会科学版),2021,21(3):46-53.

[4] 杨旸. 乡村人才是乡村振兴的重要力量[J]. 人民论坛,2021(16):72-74.

[5] 刘志秀. 乡村人才振兴:内生型与嵌入型主体的治理效能[J]. 云南行政学院学报,2021,23(2):68-76.

[6] 国家统计局. 第七次人口普查公报(第七号)—城乡人口和流动人口情况[R]. 2021(05).

[7] 李晓夏,赵秀凤. 直播助农:乡村振兴和网络扶贫融合发展的农村电商新模式[J]. 商业经济研究,2020(19):131-134.

[8] 李璟,卢珊,王位. 云南省历史性告别千年贫困云岭大地绘就乡村振兴新画卷[N]. 长江商报,2021-01-04.

[9] 汤嘉琛. 用基层治理现代化破解城管困境[N]. 光明日报,2014-04-22.

[10] 王奇坤. 落实基层治理的关键在于党要管党:基于郫都区战旗村的基层治理实践[J]. 调查研究.2017(6):89-92.

[11] 佚名. 战旗村:何以成为新时代乡村振兴样本[N/OL]. 四川观察.2020-10-15[2021-3-15]. https://dywang. cn/news/shehui/2020 – 10 – 15/178246. html.

[12] 佚名. 透过战旗村,看公园城市的乡村表达[EB/OL]. (2021-01-19)[2021-08-10]. http://cdagri. chengdu. gov. cn/nyxx/c109513/2021 – 01/19/content_b9e19d6422a840f3b4d529cd1fe80df8. shtml.

[13] 经联处. 农村基层党建"一强五引"工作法:成都郫都区战旗村的乡村振兴之路[EB/OL]. (2021-06-02)[2021-08-10]. 西藏自治区人民政府驻成都办事处. http://cdbsc. xizang. gov. cn/ddjs/202006/t20200602_142611. html.

[14] 王志章,杨珂凡,王静,等.百年来中国共产党反贫困的实践逻辑、理论结晶与分享策略研究[J/OL].贵州财经大学学报,2021(4):1-14.

[15] 万秀丽,刘登辉.中国共产党百年反贫困的理论逻辑、基本经验及世界意义[J].思想战线,2021,47(4):21-32.

[16] 韩旭东,郑风田.精准扶贫经验分析与价值总结:基于举国体制制度优势[J].当代经济管理,2021,43(9):1-8.

[17] 王玥琳,施国庆.精准扶贫框架下的"后脱贫时代":中国城市相对贫困问题的防治研究[J].当代经济管理,2021,43(8):1-9.

[18] 丁建彪,张善禹.驻村工作队在农村贫困治理中的多重功能[J].社会科学战线,2021(8):176-183.

[19] 曲延春.这支队伍为何不能撤:第一书记制度的逻辑理路与优化对策[J].行政论坛,2021,28(4):83-88.

[20] 张登国.中国乡村贫困治理中的社会动员问题研究[J].教学与研究,2021(7):25-34.

[21] 湛礼珠.制度贫困、实践创新与农村基层治理转型:基于国内几种主要乡村治理模式的对比分析[J].中共福建省委党校(福建行政学院)学报,2020(6):111-118.

[22] 李棉管.精准扶贫中的基层分包制:挤压型情境下的行政动员[J].中国行政管理,2021(3):62-69.

[23] 杨立雄.相对贫困概念辨析与治理取向[J].广东社会科学,2021(4):180-193,256.

[24] 赵艳霞,李莹莹.从家庭隐性贫困角度探究稳定脱贫问题[N].中国社会科学报,2020-04-01(3).

[25] 陈宗胜,黄云.中国相对贫困治理及其对策研究[J].当代经济科学,2021,43(5):1-19.

[26] 曲延春.农村相对贫困治理:测度原则与路径选择[J].理论学刊,2021(4):142-149.

[27] 杜庆昊.从乡村振兴战略视角构建减贫治理体系[J].马克思主义与现实,2021(4):164-170.

[28] 刘成良.2020年后国家贫困瞄准能力建设研究[J].农业经济问题,2021(6):132-144.

[29] 乔陆印,刘彦随.新时期乡村振兴战略与农村宅基地制度改革[J].地理研

究,2019,38(3):655-666.

[30] 何仁伟. 城乡融合与乡村振兴:理论探讨、机理阐释与实现路径[J]. 地理研究,2018,37(11):2127-2140.

[31] 祁全明. 乡村振兴战略与农村闲置宅基地的开发利用:以休闲农业与互联网农业为例[J]. 理论月刊,2018(7):123-129.

[32] 赵艳霞,祖海芹. 谨防人口城镇化的"表象化":以河北省为例[J]. 人民论坛,2017(7):72-73.

[33] 贺雪峰. 乡村振兴与农村集体经济[J]. 武汉大学学报(哲学社会科学版),2019,72(4):185-192.

[34] 宋志红. 宅基地"三权分置"的法律内涵和制度设计[J]. 法学评论,2018,36(4):142-153.

[35] 马聪,刘黎明,任国平,等. 快速城镇化地区农户生计策略与土地利用行为耦合协调度分析[J]. 农业工程学报,2018,34(14):249-256.

[36] 国家统计局. 2019中国统计年鉴[M]. 北京:中国统计出版社,2019.

[37] 赵艳霞,孙凤芹,王菲. 基于AHP的耕地保护公共政策分析[J]. 中国农业资源与区划,2015,36(3):143-148.

[38] 中华人民共和国农业农村部. 中央农村工作领导小组办公室农业农村部关于进一步加强农村宅基地管理的通知[EB/OL]. (2019–09–20)[2021-08-11]. http://www. moa. gov. cn/gk/tzgg _ 1/tz/201909/t20190920 _ 6328397. htm.

[39] 刘彦随. 陕西农村宅基地综合整治模式的价值与启示[J]中国土地,2011(7):20-22.

[40] 丁志刚,王杰. 中国乡村治理70年:历史演进与逻辑理路[J]. 中国农村观察,2019(4):18-34.

[41] 朱明锋. 我国乡村治理的困境与出路研究:以多元治理主体为视角[D].北京:中共中央党校,2016.

[42] 胡振通,王亚华. 中国生态扶贫的理论创新和实现机制[J]. 清华大学学报(哲学社会科学版),2021,36(1):168-180,206.

[43] 王国敏,何莉琼. 巩固拓展脱贫攻坚成果与乡村振兴有效衔接:基于"主体—内容—工具"三维整体框架[J]. 理论与改革,2021(3):56-66,155.

[44] 王文茹. 脱贫攻坚与乡村振兴有效衔接问题研究[D].郑州:郑州轻工业大学,2021.

[45] 吴丰华、韩文龙. 改革开放四十年的城乡关系:历史脉络、阶段特征和未来展望[J].学术月刊,2018,50(4):58-68.

[46] 赵艳霞,李莹莹. 乡村振兴中宅基地"三权分置"的内生变革与路径研究[J].财经理论研究,2018(5):1-8.

[47] 汪杨植,黄敏,杜伟. 深化农村宅基地"三权分置"改革的思考[J].农村经济,2019(7):18-25.

[48] 刘玉姿. 三维视角下农民土地财产权的实现[J].中国土地科学,2019,33(2):19-24.

[49] 孙方舟. 宅基地"三权分置"对农民收入影响研究:以浙江省安吉县旅游产业为例[J]. 辽宁经济,2019(9):21-23.

[50] 赵亚莉,龙开胜. 资源特性、配置工具与宅基地利益调整[J].农村经济,2017(10):18-23.

[51] 亢德芝,黄月恒,李皓晟. "三权分置"背景下的宅基地利用模式探索[J].中国土地,2019(3):46-47.

[52] 林超,吕萍,顾汶岳. 河南长垣:中部平原地区农村土地制度改革试点探索[J]. 中国土地,2019(2):58-59.

[53] 吴爽,李海迪. "三权分置"下农村宅基地使用权有偿退出的路径探讨[J].渤海大学学报(哲学社会科学版),2019,41(4):63-66.

[54] 胡传景,汪英,杜静. 基于乡村振兴背景下宅基地"三权分置"改革路径探讨[J]. 国土资源,2019(7):38-40.

[55] 龚宏龄,林铭海. 农民的异质化特征对宅基地退出补偿偏好的影响:基于大足和涪陵两地的调研数据[J].农村经济,2019(2):31-38.

[56] 李荣耀,叶兴庆. 农户分化、土地流转与承包权退出[J]. 改革,2019(2):17-26.

[57] 张爱琼. 农村精准扶贫问题研究[D]. 昆明:云南财经大学,2016.

[58] 张琦,史志乐. 我国农村贫困退出机制研究[J].中国科学院院刊,2016,31(3):296-301.

[59] 廖小红. 发挥对农广播在精准扶贫中的作用[J]. 中国广播电视学刊,2018(2):132-133.

[60] 吴敏. 关于在贫困群众中加强精准扶贫宣传工作的思考[J].科技资讯,2018,16(12):238-239.

[61] 杜曼. 精准施策聚力扶贫:谈如何做好精准扶贫宣传报道[J]. 传播力研

究,2018,2(15):40-41.

[62] 雷望红.论精准扶贫政策的不精准执行[J].西北农林科技大学学报(社会科学版),2017,17(1):1-8.

[63] 樊亮亮.精准扶贫中农村基层党组织建设研究[D].太原:山西大学,2017.

[64] 刘雪芳,陈涛.基于贫困户满意度视角的精准扶贫落实效果评价:以四川省岳池县为例[J].农村经济与科技,2018,29(11):147-149.

[65] 赵艳霞.精准扶贫呼唤"精准"的人才队伍[J].人民论坛,2017(1):70-71.

[66] 黄美思.精准扶贫背景下农村基层组织扶贫能力建设研究[D].南宁:广西大学,2017.

[67] 丁建军,吴学兵.精准扶贫的实践困境与对策建议:以湖北京山五姊山村为例[J].地方财政研究,2018(4):87-92.

[68] 张永丽,高蔚鹏.脱贫攻坚与乡村振兴有机衔接的基本逻辑与实现路径[J].西北民族大学学报(哲学社会科学版),2021(3):139-147.

[69] 王国敏,何莉琼.巩固拓展脱贫攻坚成果与乡村振兴有效衔接:基于"主体—内容—工具"三维整体框架[J].理论与改革,2021(3):56-66,155.

[70] 中共中央关于制定国民经济和社会发展第十四个五年规划和二〇三五年远景目标的建议[N].人民日报,2020-11-04(1).

[71] 佚名.国务院办公厅关于深入开展消费扶贫助力打赢脱贫攻坚战的指导意见[J].新农村,2019(2):3-4.

[72] 佚名.中华人民共和国乡村振兴促进法[N].农民日报,2021-04-30(2).

[73] 佚名.中共中央国务院关于实现巩固拓展脱贫攻坚成果同乡村振兴有效衔接的意见[N].人民日报,2021-03-23(1).

[74] 佚名.中共中央国务院关于实施乡村振兴战略的意见[N].人民日报,2018-02-05(1).

[75] 佚名.中共中央国务院印发《乡村振兴战略规划(2018—2022年)》[N].北京日报,2018-09-27(1).

[76] 佚名.习近平春节前夕赴四川看望慰问各族干部群众 祝福全国各族人民新春吉祥 祝愿伟大祖国更加繁荣昌盛[J].四川党的建设,2018(5):18-21.

[77] 杜志雄.乡村振兴关键在于产业振兴[N].经济参考报,2021-06-24(1).

[78] 佚名.2018年中央1号文件[J].中国农民合作社,2018(3):24.

[79] 习近平. 决胜全面建成小康社会 夺取新时代中国特色社会主义伟大胜利[N]. 人民日报,2017-10-28(1).

[80] 中共中央党史和文献研究院编. 习近平关于"三农"工作论述摘编[M]. 北京:中央文献出版社,2019.

[81] 王学男. 科学培养"三农"工作队伍 助推乡村振兴[J]. 教育研究,2018,39(7):92-94.

[82] 高其才. 健全自治法治德治相结合的乡村治理体系[N]. 光明日报,2019-02-26.

[83] 习近平. 坚定文化自信,建设社会主义文化强国:在中国共产第十九次全国代表大会上的报告[N]. 求是,2019-6-16(12).

[84] 温铁军,刘亚慧,张振. 生态文明战略下的三农转型[J]. 国家行政学院报,2018(1):40-46.

[85] 杨国发. 基于多主体协同发展的宅基地使用权抵押市场发展路径研究[D]. 郑州:郑州大学,2021.

[86] 易舟,段建南. 农村闲置宅基地整理参与主体利益博弈分析[J]. 农业科技管理,2013(3):47-52.

[87] 李华胤. 回应性参与:农村改革中乡镇政府与农民段行为互动机制:基于三个乡镇改革经验的调查与比较[J]. 中国行政管理,2020(9):128-134,159.

[88] 刘志秀. 乡村人才振兴:内生型与嵌入型主体的治理效能[J]. 云南行政学院学报,2021(2):68-76.

[89] 宋靖. 试论我国农村宅基地治理中的农民参与[J]. 福建行政学院学报,2010(5):45-57.

[90] 薄建柱,司福利,赵艳霞,等. 低碳视角下农村新民居建设指标体系研究[J]. 生态经济,2016,32(6):134-137.

[91] 张勇. 乡村振兴战略下闲置宅基地盘活利用的现实障碍与破解路径[J]. 河海大学学报(哲学社会科学版),2020,22(5):61-67,108.

[92] 祁全明. 乡村振兴战略与农村闲置宅基地的开发利用:以休闲农业与互联网农业为例[J]. 理论月刊,2018(7):123-129.

[93] 张诚. 乡村振兴视域下乡村公共空间的多元价值[J]. 农林经济管理学报,2019(1):120-126.

[94] 杨亚楠,陈利根,龙开胜. 中西部地区农村宅基地闲置的影响因素分析:基于河南、甘肃的实证研究[J]. 经济体制改革,2014(2):84-88.

［95］ 佚名.以宅基地改革确立乡村振兴的空间布局［J］.国土资源,2018(5):10-19.

［96］ 杨茜雯,陆倩倩,王斌斌,等.村庄规划引导宅基地分配布局的技术方法探析:以广州南沙大岗镇村庄规划为例［J］.城市规划学刊,2014(B07):149-155.

［97］ 王西阁.乡村振兴中的多元主体及其角色定位［J］.菏泽学院报,2020,42(3):6-11.

［98］ 石成.乡村有效治理中多元治理主体的研究:基于乡村振兴战略的分析［D］.镇江:江苏大学,2020.

后　　记

本书编写团队高度关注民生问题,致力于脱贫攻坚与乡村振兴的理论与实践研究。团队秉持着严谨的科研态度、诚恳务实的工作作风,深入基层,获取客观真实的资料与数据。精心设计了宅基地改革动力因素和基层治理阻力因素的调查问卷,多次到天津市蓟州区、河北省迁安市、河北省承德市等典型地区进行实地考察,接触到大量的农村现实问题,掌握了乡村治理中宅基地和基层组织相关的第一手资料,同时也对农村建设有了一些感性认识,感触良多。

贫困问题是个世纪性的难题,在中国乡村振兴的背景下,二者的有效结合、精准衔接需要理性思考,需要得到重点关注,需要政府发挥作用,需要农村广大宅基地资源的活力……真诚希望本书可以给读者一些有益的启示,也希望书中所提的对策和建议可以为脱贫攻坚有效衔接乡村振兴尽绵薄之力。

本书由赵艳霞教授主持撰写,并在逻辑架构、调查研究、数据处理、结论分析等环节中,组织召开会议、明确分工、亲历亲为、细致修改,做出大量基础的工作,付出了诸多心血和努力。邱扬、李莹莹和陈蒙分别执笔撰写乡村治理、乡村发展、乡村振兴主要内容。对华北理工大学管理学院 2020 级、2021 级研究生团队在审核、排版校对、参考文献梳理、内容补充与完善方面给予的支持和帮助表示由衷的感谢,他们是李海华、吴嘉琳、陈茜、吴晓静、刘佳男、张宏霄、张则艺、付明喆。同时感谢天津市蓟州区、河北省迁安市、河北省承德市各区县及乡镇政府相关领导和工作人员的支持。

本书为 2019 年承担的河北省社会科学基金项目《闲置宅基地差异化利用对实施乡村振兴战略的路径研究》(HB19SH006)的最终成果。

本书的最终成果能够付梓出版要感谢哈尔滨工程大学出版社领导及编辑的大力支持和认真负责,同时感谢所有为此书出版付出辛勤劳动的同志。

最后,衷心感谢对本书提供支持和帮助的领导与同事,感谢专家的指点和同行的帮助与鼓励。

著　者

2021 年 5 月